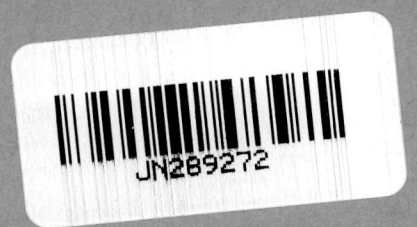

エコ・ラッピング

正林恵理子

17
75 RICHEPIN COL.
PARIS OUEST
17-12-08
901 00 005387
776F 750380
€ R.F.
LA POSTE

私がラッピングの楽しさを知ったのは、
数年前、フランスに行った時。
お菓子屋さんやマルシェで買い物をするたび、
ササッと包んでくれる紙や形のかわいさと、
開ける瞬間のワクワク感が忘れられず、
「自分でもやってみよう」と思ったのがきっかけでした。

この本は、シンプルで、手に入りやすい素材を使って、
だれにでもできるラッピングの仕方をまとめました。
たとえ中身はなんてことなくたって、
どうしたらもっと喜んでもらえるかな？　と考えながら、
手を動かす時間は楽しいもの。
そんな想いも一緒にプレゼントできたら、と思うのです。

いろんな素材

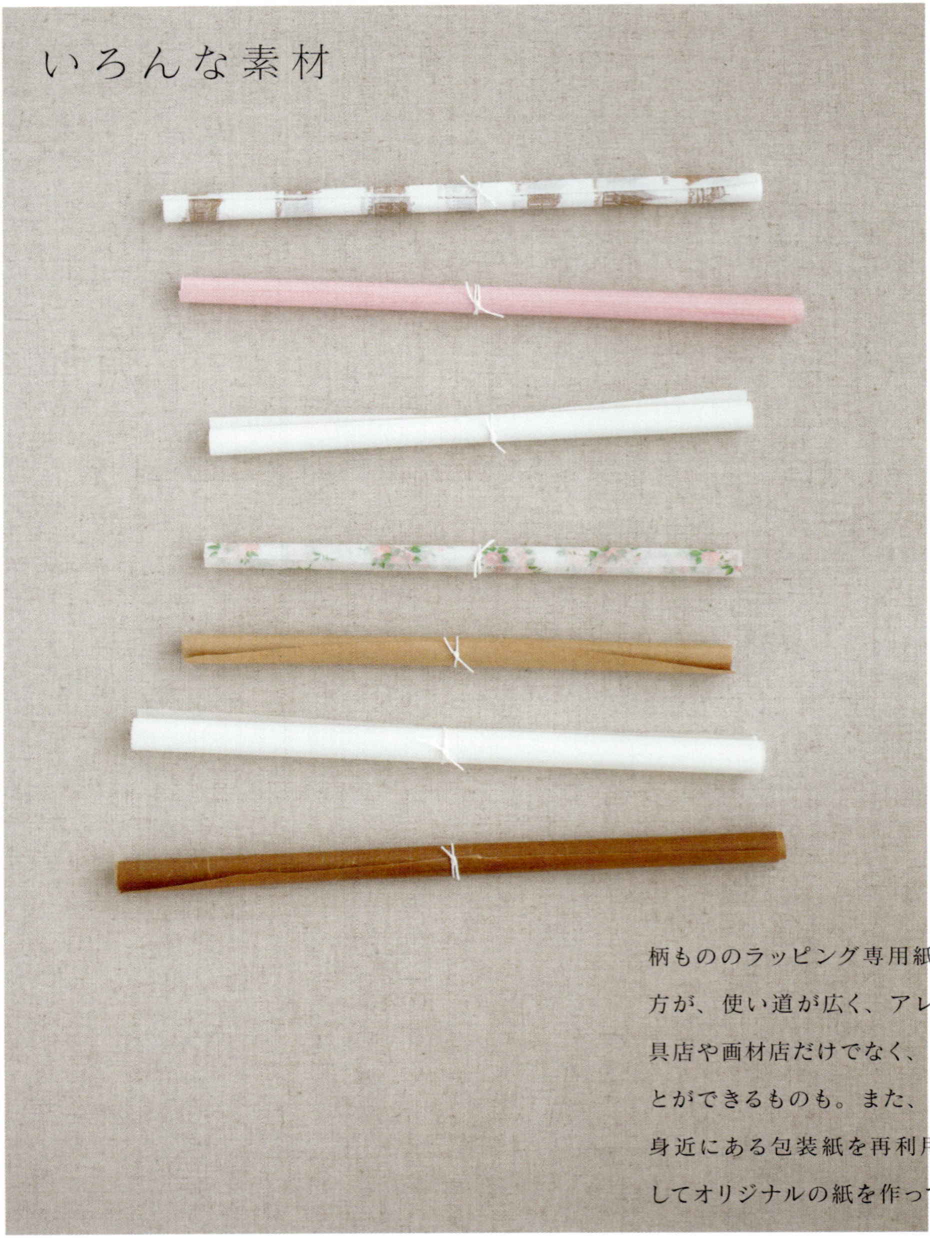

柄もののラッピング専用紙より、シンプルな紙の方が、使い道が広く、アレンジが利きます。文房具店や画材店だけでなく、100円ショップで買うことができるものも。また、市販品を買わなくても、身近にある包装紙を再利用したり、コピーを活用してオリジナルの紙を作っても楽しめます。

クラフト紙

厚手で強度があり、業務用の梱包にも使われる。大型文具店では、扱いやすいA4サイズも購入できる。

ワックスペーパー

表面にろう引き加工が施され、水や油に強く、丈夫。ろう引き紙、パラフィン紙ともいう。

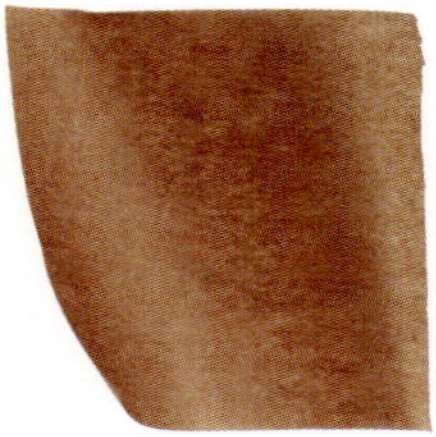

薄紙

ごく薄手で、くしゃっとしたやわらかさが魅力。カラーバリエーションが豊富で、カラフルな色もある。

オーブンシート

油や水、熱に強い。紙にシリコン加工したものやテフロン製のものがある。別名・クッキングシート。

グラシン紙

半透明で、光沢がある薄い紙。この質感が高級感をかもし出す。特別な雰囲気を出したいときに。

半紙

書道でおなじみの紙も、そのやわらかさがラッピング向き。この本では、ややざらつきがある清書用を使用。

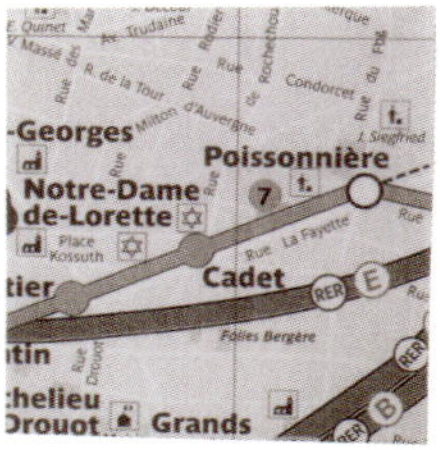

コピー紙

地図やチラシ、布など、好きなものをコピーして作るオリジナル。白黒かカラーかでも印象が変わる。

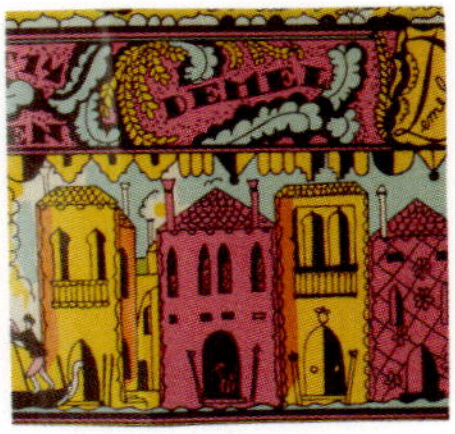

包装紙

改めて見ると、かわいいものがいっぱい。外国はもちろん、日本の菓子店やデパートのものもおすすめ。

紙ナプキン

色や柄、厚さなど、バラエティに富む。食べものを贈るときは、ナプキンとして使え便利。

いろんなアイテム

シンプルなままもいいけれど、それじゃ少しそっけない。包んだあとにアイテムをプラスすることで、もっとかわいくなったり、オリジナリティを出すこともできます。また手をかけることで、相手により気持ちが伝わるはず。素材との相性や好みがあるので、いろいろ試してみてください。

リボン

袋の口をぎゅっと結んだり、飾りとしても使えるリボン。巻きで売っているものは10cm単位で購入可能。

ひも

綿や麻、紙、植物の葉を加工したラフィアなど、素材はいろいろ。太さや幅、色で印象が変わる。

レース

少し使うだけでガーリーに。分量が多いとかわいくなりすぎるので、アクセントとして少量がおすすめ。

タイ

針金がビニールなどでカバーされているひも。ねじるだけでとめられる。100円ショップなどで買える。

草花

買ったり、育てた草花や、拾った落ち葉や木の実で季節の彩りを添えて。そのままでもドライにしても。

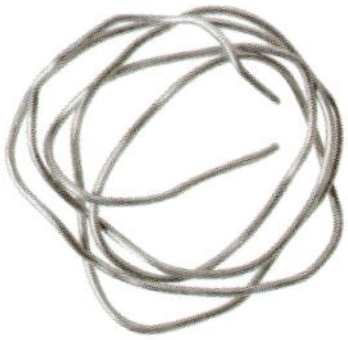

ワイヤー

曲げたりねじったりしやすい、太めのアルミワイヤー。びんの持ち手や手提げにするのに使用。

タグ

つけるだけでポイントに。市販品もあるが、好きな紙やチラシ、リボンやひもを使って手づくりしても。

レースペーパー

そのまま使ったり、部分的に使ったり。大きさや部分によって、印象を変えることができる。

コサージュ

ペーパーナプキンを16等分したものを6枚重ねてびょうぶ状に折り、花の形に整える（→P62）。

いろんな入れもの

硬いもの、やわらかいもの、形があるもの、液体のものなど、贈りたいものはいろいろです。これを入れるのはどんな入れものがいい？　この入れものには何を入れよう？　ここに挙げたもの以外にも、どんどん想像をふくらませて、身の回りのかわいい入れものを探してみてください。

紙袋

もちろんそのままラッピングに使えるけれど、この本では、折って形を変えたり、箱の形にして使用。

紙コップ

内側がポリエチレン加工されているので、多少水気があるものやお菓子などを入れることもできる。

空きビン

増えがちな空きビンは、リサイクルもかねて活用。密閉性があるので、保存食などのおすそわけに。

食用パック

とうふやいちごなどの見慣れたプラスチックパックも、少し手を加えればかわいいラッピンググッズに。

ゼリーカップなど

ゼリーカップや和菓子の入れものは、透明で中が見えるのをいかして、カラフルな小物などを入れて。

芯

いつもならゴミとして捨てているトイレットペーパーやラップ、テープの芯も＋アルファで使えるグッズに！

Chapter 1

いろんな形

紙袋や封筒。
身近な素材にひと手間加えるだけで、
まったく違った表情を見せてくれます。
見慣れた形が新しい姿になると、
こんなにもラッピングは楽しくなる。

紙袋で箱

紙袋で箱!?　と一見しても想像がつきませんが、
作り方はとても簡単!
しっかり折り目をつけたら、
内側に折り込んでいくだけです。
同じものを2つ作ればふたつきの箱に。
ぴったりサイズのケーキを入れてもいいし、
カトラリーや小さな雑貨もいいかも。

元はクラフト紙のシンプルな紙袋。折り込めば細長い箱に。

リボンもいいけど、のし紙やラベルでも楽しめる

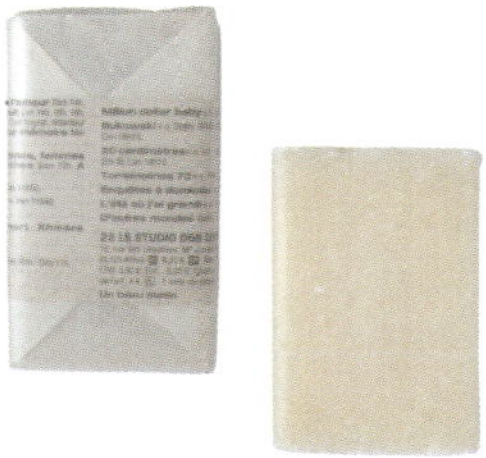

グラシン紙を巻くだけで、大人っぽく。中にはお土産の石けんを入れて。

月桂樹の葉をラフィアで巻いてナチュラルテイスト。

ネットとコサージュでロマンティックに。生ゴミ用ネットもかわいい素材。

Primitifs Français

高さを出したいときは一重折りで。お花でガーリーに。

作り方

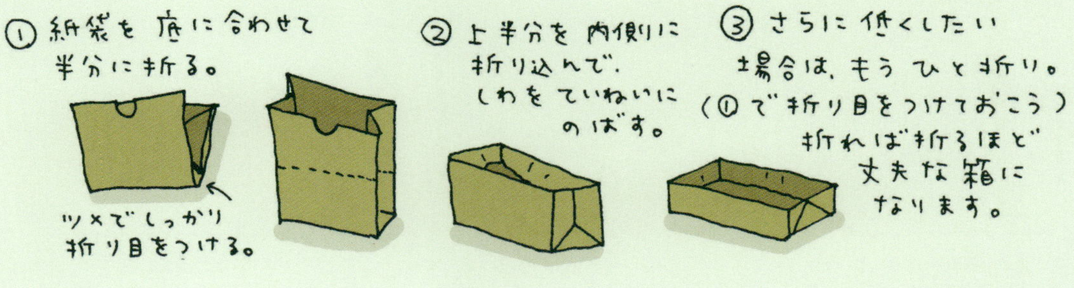
① 紙袋を 底に合わせて 半分に折る。
ツメでしっかり 折り目をつける。
② 上半分を 内側に 折り込んで. しわを ていねいに のばす。
③ さらに 低くしたい 場合は、もう ひと 折り。
(① で 折り目をつけておこう)
折れば折るほど 丈夫な 箱に なります。

◯紙テープ
カラーバリエーションを楽しむ

ビタミンカラーの黄色はどんな色にも映えるので、差し色に最適。

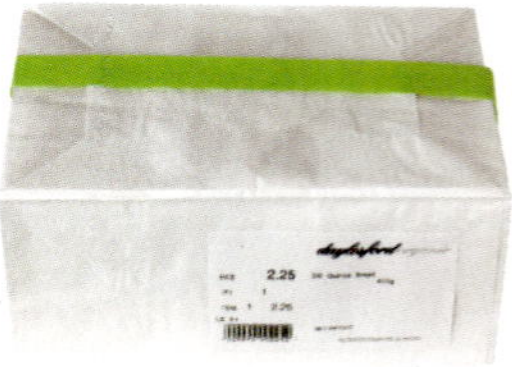

さわやかなグリーンは多くの人に好まれる色。食べものを贈る時に◎。

青×白、シンプルさが際立つ色合わせ。男性へのプレゼントにも。

◯のし紙
柄が選べるから便利

花柄のワックスペーパーは、その柄と透け感で可憐な印象に。

大きめのギンガムチェックは子どもへのプレゼントにもぴったり。

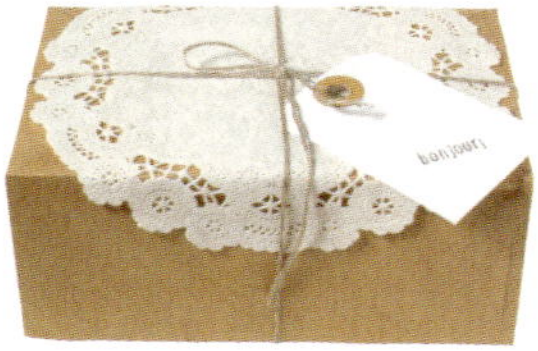

まるで昔のお菓子の紙箱のよう！中身はクッキーが似合いそう。

◯リボン
素材違いで着せ替え気分

濃い色は引き締め効果あり。太いと暗い印象になるので、細いものを。

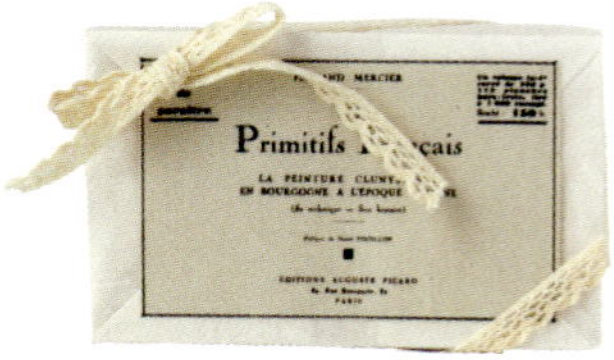

白のレースリボンを結べば、さりげなく女性らしさをアピールできる。

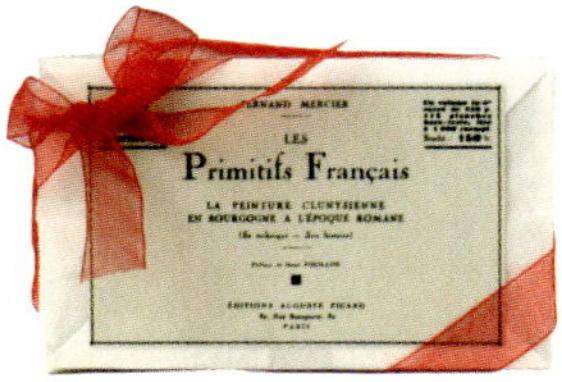

強い印象の赤は、薄手でしなやかなオーガンジーを選べば軽やかに。

○ 手提げ

あえてふたなしを楽しむ

ろう引き袋で作った箱に、ハトメ（→P27）とワイヤーひもをつけ、手提げに。市販のワックスペーパー袋にプラムを入れておすそわけ。

手土産には、季節のグリーン。まるで小さな庭をプレゼントする気分。グリーンのネームタグは、はんこで手作り。

自慢のバナナケーキを3人の人に贈りたい、
と思ったら……？

三等分して横長の紙箱に

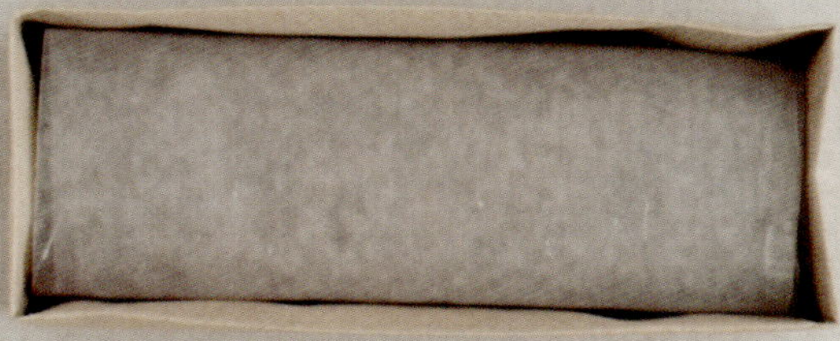

グラシン紙もはさんで特別感を出して

紙袋でスタンド型

ラッピングでは出番が多い紙袋。
中身を選ばない気軽さがあるけれど、
そのまま使うのは味けないから、
マチを張り出したり、折り込んだりしてみました。
同じ紙袋でも、張り出すとざっくりとラフに、
折り込むと少し繊細な印象に。
入れるものによって、いろいろ変えてみてください。

紙袋の色やラベルを
変えるだけで用途が広がる

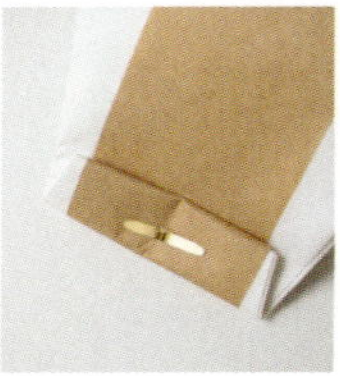

表から見たら、ボタンのように見える割鋲《びょう》。穴あけパンチで穴を開け、二股に割れた足を差し込んで両側に折り曲げれば、袋の口をとめることができる。

口が広いタイプは、なんとなくクールな印象。白にトリコロールが映える。

深い青に、仏字新聞で封を。シンプルで落ち着いた風合いがいい。

下部は張り出させ、上部は折り込むと、また違った印象に。ひもをつければ手提げにも。

作り方

口狭タイプ
マチを内側に折り込む。
口広タイプ
マチを外側に張り出す。

紙袋で手提げ

紙袋は、持ち手をつければ手提げに早変わり。
市販の手提げの持ち手を再利用したり、
ひもやテープをとめれば、
あっという間にオリジナル手提げが完成。
サイズも色の組み合わせも自分次第です。
厚みがない本などを贈る時は、
マチを狭くすれば、ほどよいサイズにできます。

Les pâtes
Pâte sablée
l'astuce du chef
Comme la pâte brisée, la pâte sablée peut se préparer la veille et être gardée en boule dans le film plastique. Dans ce livre, elle est utilisée pour le cirque d'animaux (voir p. 54). Elle permet aussi de préparer de délicieuses tartes et peut remplacer la pâte brisée dans la tarte au citron (voir p. 70).

袋や持ち手の色、太さを
いろいろ組み合わせて

déjeuner
OFFERT EN
L'HONNEUR
DU MARIAGE

クラフトテープの持ち手をハトメでとめたアレンジ。白と赤に、ベージュのコサージュでお祝い用に。

Waitrose

濃いブルーに真っ白な持ち手は、絶妙のコンビネーション。シンプルの妙。

organic
food you can trust

持ち手とラベルの色を合わせて。ラベルは、野菜袋のロゴをクラフト紙にコピー。

作り方

① デパートなどでもらった紙袋の持ち手だけはがして…
SOLDES
② 別の袋にテープや紙で貼る。
あえて外側から貼るのがおしゃれ。
かわいい持ち手はストック。

紙袋で米袋

米袋をヒントにした包み方は、
くしゃっとした形と、力の抜けたたたずまいが
気に入っています。
中身を入れたら、袋の口にひもを折り込み、
クルクル丸めて結ぶだけ。
そのかわいさに、思わずこのまま持って
歩きたくなってしまうほど。

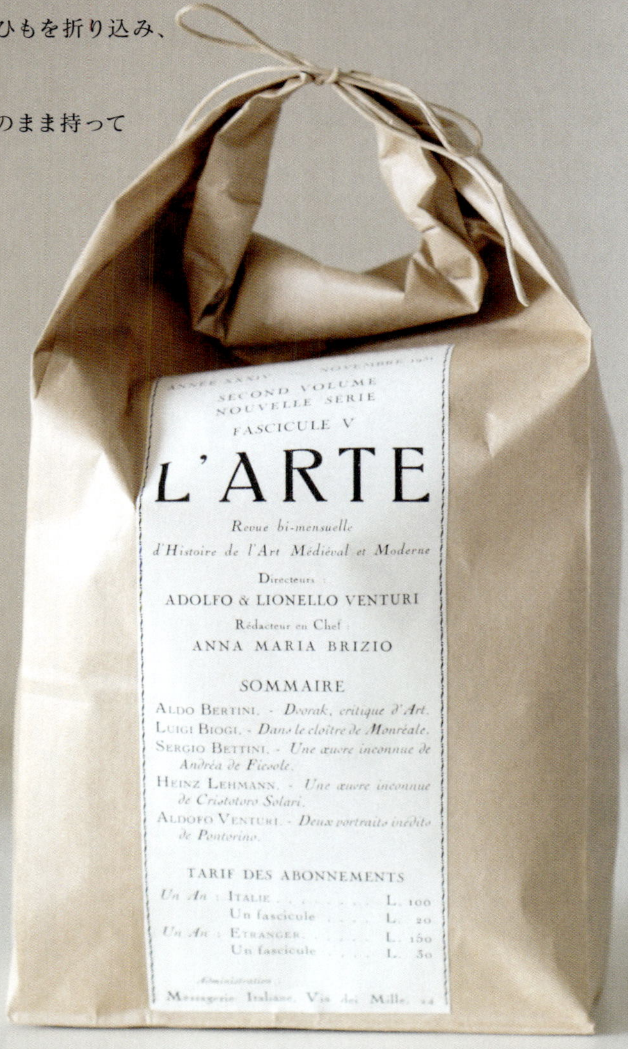

マチあり、マチなし、どちらの袋でも作れる

袋とひもを二重にすれば、強度がグンと増す。オレンジやリンゴなど重いものでもOK。

白い紙袋×端切れのリボン。紙袋が薄手の場合は、中は軽いものを入れて。

CRISPS
CARAMEL
CARAMEL

クリアパック×紙ひも。パッケージがかわいいお菓子などはあえて見せる方法も。

作り方

① 太めの紙ひもを
② 紙袋の口元にはさみ
③ 折り込んで…
④ 紙ひもをキュッ。

封筒で舟

封筒に、手紙だけじゃなく、
小さなプレゼントを入れられたらと思い、
試しに作ってみたのが、この舟型。
市販の封筒は、色柄も豊富だし、
それに合わせてアレンジするのが楽しくて、
いつの間にかたくさんできてしまいました。
素敵な封筒を見つけたら、ぜひ作ってみてください。

色・柄に合わせて
リボンや紙テープを

シンプルな白には、トリコロールのリボンを巻き、フランスの郵便物のコピーをペタリ。

赤×白のドットには穴を開け、白い紙ひもで手提げ風。小さくつけたチラシがアクセント。

白×トリコロールには、右上に穴を開け、割鋲《びょう》で郵便物のコピーをとめた。

クラフト紙には、同系色のひもをV字がけに。小さなコサージュをあしらって。

淡いグリーンには濃いグリーンの紙テープを巻き、紙まりも（→P26）をつけて。

作り方

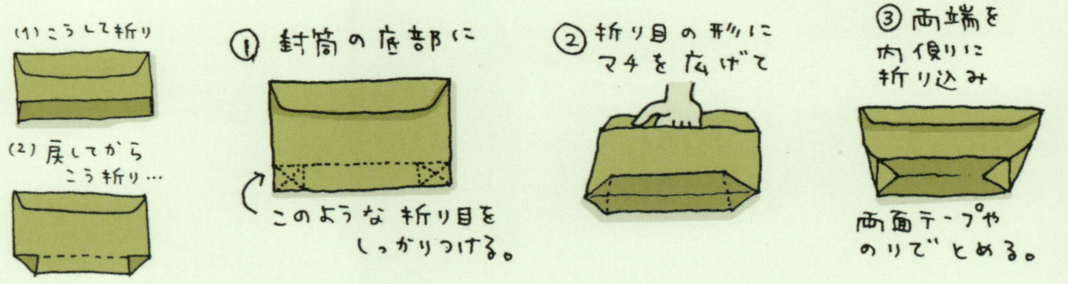

○紙まりも

くしゃくしゃっとボール状に丸めるだけ

適量の緩衝材を手にとり、手のひらで転がしながら、しっかり固めに丸める。

あら、かわいい。

○手提げ

穴を開けてひもを通せば持ち手に

どんな素材とも相性がいい白い紙ひもは持っていると便利。太さでイメージが変わるので、いろいろ試してみるといいかも。

ナチュラルな麻ひもはカジュアルな印象に。どんな紙とも相性がよく、巻きつけるだけで、センスよく見えるから不思議。

○ハトメパンチ

ラッピングに欠かせない便利グッズ

裏から見ると……

ハトメパンチの使い方

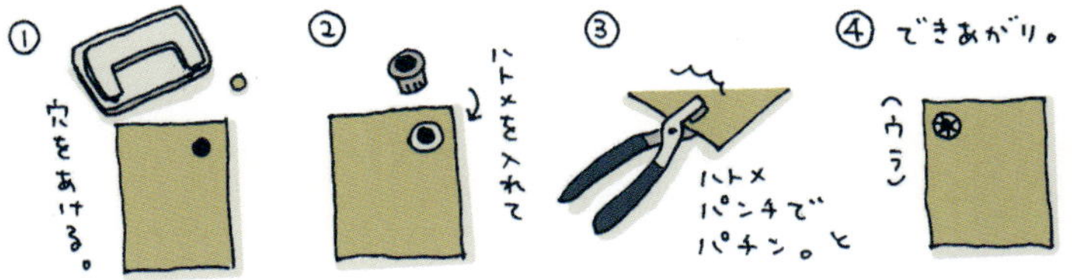
①
穴をあける。
②
ハトメを入れて
③
ハトメパンチでパチン。と
④ できあがり。
（ウラ）

ハトメでもっとカスタマイズ

ハトメに半分に折ったひもを差し込み、ひもの先を輪に通す。これだけで、ちょっとしたアクセントに。

FRANCE
LETTRE 20 g
un grand merci

タグをつけたい位置に穴を開け、タグの穴を重ねてハトメをとめる。タグの向きは、自由に調節できる。

マチなし袋でテトラ

よく見かける丸でも、四角でもない、
インパクトが強い三角形。
この何ともいえないユニークな形が、
「中には何が入っているんだろう？」という
ワクワク感を盛り上げます。
軽いものなら食べものでも、衣類でも
何でも入れてみたくなります。

茶封筒や
クリアパックなどでもできる

少しだけ透け感がある茶色の紙袋で作ると、繊細な印象に。薄手の紙袋の場合、中身は軽いものに。

見慣れた茶封筒もテトラだと新鮮。ハトメ（→P27）でクラフトテープをつけて持ち手に。

クリアパックもテトラにして、キャンディーなどを入れてちょっとおすそわけ。

強度を高めるための台紙。テトラの底に合わせて、厚紙やダンボールで作る。

作り方

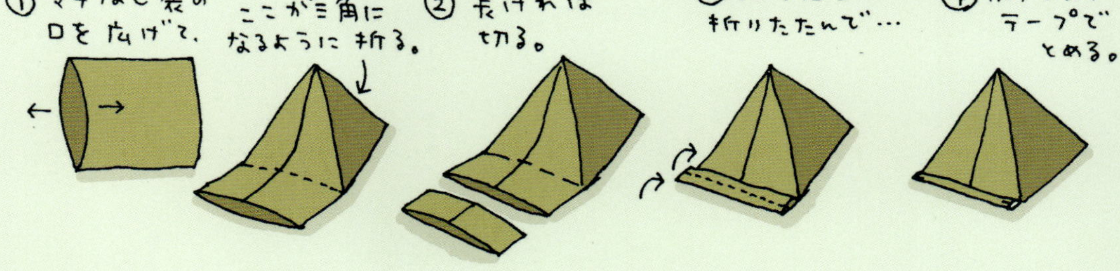

①マチなし袋の口を広げて、
ここが三角になるように折る。
②長ければ切る。
③折りたたんで折りたたんで…
④ホチキスやテープでとめる。

クリアパックで見せて包む

中身を想像して、ドキドキしながら
包みを開くのが、ラッピングの醍醐味。
でも、クリアパックは中が丸見えだから、
思い切って、見せたいものを包んで。
バケツに入れたクリーニングセットは、
掃除が苦手なあの人に。
「楽しく掃除できるように」の気持ちを込めて。

平たいものは、そのまま入れて とめ方をひと工夫

中身を見せながらプレゼント

LA BOUTIQUE DE FLEURS
Madeleine
9 RUE D'AL ESIA PARIS

ぬいぐるみや植木鉢など、形に特徴があるものは、クリアパックで見せながら包んでも。

模様がきれいなコースターを見せたくてクリアパックに。口は仏字新聞のコピーでとめた。

作り方

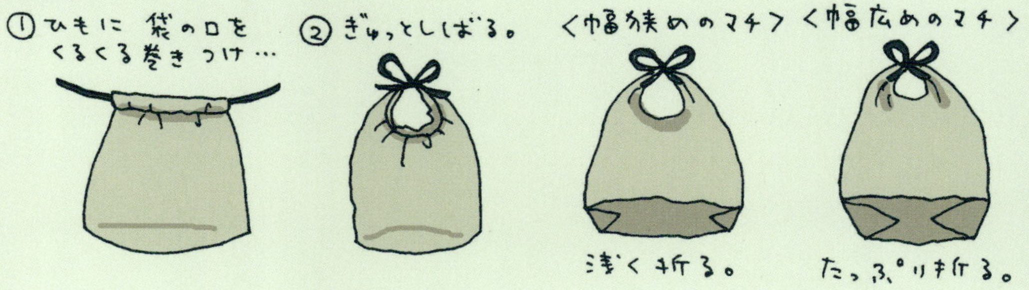
①ひもに 袋の口を くるくる巻きつけ…
②ぎゅっとしばる。
<幅狭めのマチ>
<幅広めのマチ>
浅く折る。
たっぷり折る。

紙コップでカップ

et originale. Ces sculptures éphémères créées sans outils, dont il prend une photographie qu'il archive, naissent et meurent dans la nature. Le film suit ses périples et donne à voir un processus créatif étonnant. .L'Entrepôt 83 v.o.
Rize
une communauté de rebelles et de réprouvés, oubliés du système et du monde. Misère, solitude et alcoolisme règnent. Un road movie poétique et sombre par le réalisateur de «Freedom». .MK2 Beaubourg 11 v.o.
Seven swords
PLACE 011
VOITURE 008
05/09/05 PARIS EST STRASBOURG
NF

何の変哲もない白い紙コップ。
どうしたらかわいく使えるかな？　と考えて、
丸まった飲み口を伸ばしてみました。
これなら口をきれいに閉じることができるし、
テープをつければアクセントにも。
内側のコーティングをいかして、
開けてびっくり！　のゼリーを入れてみました。

すぐに食べられる アイデアをプラス

ゼリーは入れすぎないこと。
封が閉じられなくなります。

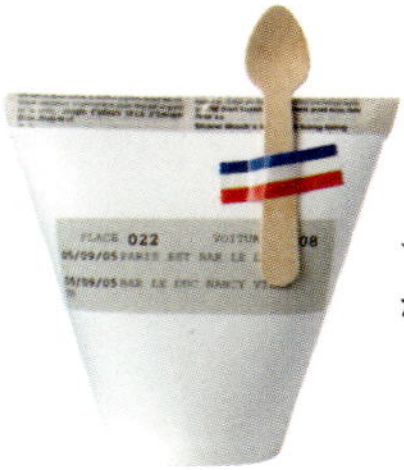

テープでスプーンを貼れば、
かわいくて実用的。

ミシン目ロータリー

PERFORATION CUTTER

紙の厚さによって力を加減しながら刃を転がし、線を引く。点線状に切り込みが入るので、簡単に封が開けられる。

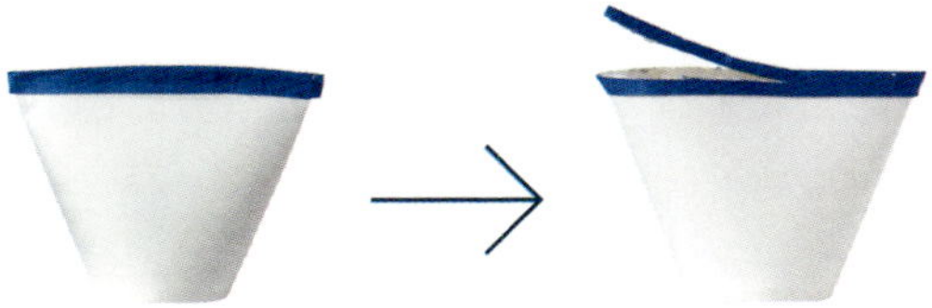

作り方

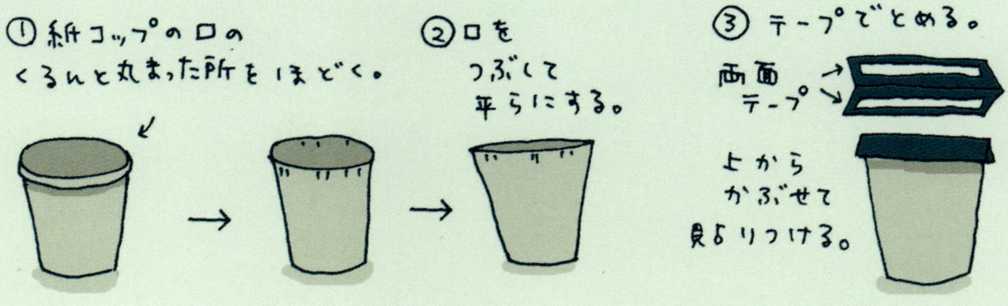
①紙コップの口の
くるんと丸まった所をほどく。
②口を
つぶして
平らにする。
③テープでとめる。
両面
テープ
上から
かぶせて
貼りつける。

紙コップで5分カップケーキ

紙コップの強度と気軽さをいかして、
持ち歩けるカップケーキを考えました。
市販のケーキミックスを使った簡単レシピは、
具によって、おやつにも朝ごはんにもOK。
内側に薄く油を塗っているので、
片手でポンと押し出せます。
ふわふわやわらかなできたてを、ぜひ！

黒糖ケーキ

材料（200mlの中サイズ・3個分）

蒸しケーキミックス —— 100g
黒糖 —— 大さじ2強
卵 —— 1個
ほうじ茶 —— 50ml（冷ましておく）
サラダ油 —— 大さじ2
干しぶどうやナッツ —— 適量

作り方

1 ボウルに蒸しケーキミックスと黒糖を合わせてふるっておく。卵、ほうじ茶、サラダ油を加え、泡立て器でよくまぜる。
2 紙コップの内側に油（分量外）を薄く塗り、1を流し入れる。上に干しぶどうやナッツをのせる。
3 電子レンジで、500Wなら3～3分半、600Wなら2分半～3分、加熱する。

トマトのカップケーキ

材料（200mlの中サイズ・3個分）

A
蒸しケーキミックス —— 100g
卵 —— 1個
トマト1個分の種と水分 —— 約50ml
オリーブ油 —— 大さじ2

塩、こしょう —— 適量
残りのトマト（細かく切る）—— 1個分
板状のとけるチーズ —— 1枚半
オリーブ（細かく切る）—— 適宜

作り方

1 Aをボウルに入れ、まぜる。塩、こしょうを加え、さらにまぜる。
2 紙コップの内側に油（分量外）を薄く塗り、トマト、1の順に入れる。筒状に巻いたチーズを½枚ずつ立てて入れ、あればオリーブを散らして、上記と同様に電子レンジで加熱する。

○ バケツ
シンプルだけど、妙にかわいい

Waitrose

もっともシンプルな紙コップラッピング。口の両端に穴を開け、ビニタイで持ち手をつくり、好きなラベルをペタッ。

口の大きさに合わせて厚紙を切ってふたに。テープでペタッと貼ってできあがり。

○ マスキングテープ
カラーコーディネートの必需品

飲み口をマスキングテープでとめて。紙コップの柄と色を合わせると◎。紅茶パックのタグをワンポイントに。

マスキングテープはいろんな色や柄がある。素材は紙で、はがしやすいのが特徴。手で簡単に切れ、扱いやすい。

○ レースペーパー
おめかし度が一気にあがる

白でコーディネートして大人っぽく。ペーパーナプキンのコサージュがアクセント。

作り方

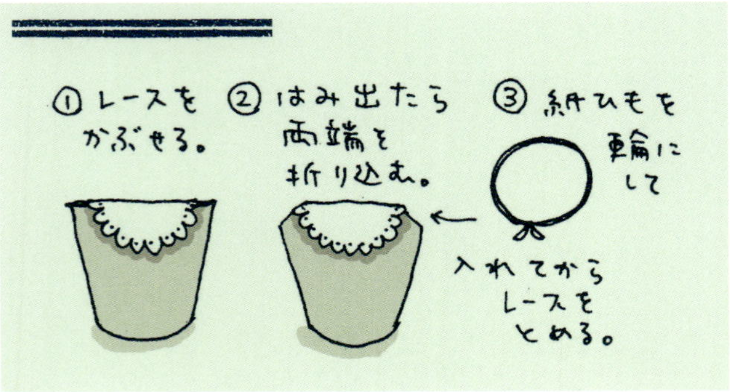
①レースをかぶせる。
②はみ出たら両端を折り込む。
③紙ひもを輪にして
入れてからレースをとめる。

Column

紹介しきれなかったモノたち　1

作りはじめると止まらなくなる。少しリボンを変えてみたり、包装紙を変えてみたり。あまりにもたくさん作りすぎて、本からはみ出した作品を集めたら、新しいページができました。

表紙用に作ったもう一つの作品。真っ白の小さな紙袋に、真っ赤な紙テープを巻いただけ。みなさんにお目にかかれてうれしい。

大好きなチェックの布をモノクロコピーして作った包装紙。地味すぎるといわれて少し哀しい……。

アンティークっぽいお気に入りの布をカラーコピー。ラフィアとドライフラワーで、あくまでかわいく。

友人に本をプレゼントするのに作ったもの。四角くて平たくて、ストライプで、直線を意識してみた。

丸くて包みにくいものを簡単に包みたい、といわれ作ったけど……。フワフワの薄紙で包んで、リボンで結んで、お花をつけただけ。

クッションシートを利用したラッピングのアレンジ。両端を柄つきガムテープでとめただけ。テープの青と合わせて、ブルーの麻ひもでキュッ。

100円ショップの紙袋。これだけだとファンシーになりすぎるから、手作りラベルで少し大人っぽく。手作りラベルマジックです。

ほんとうに、このアンティークっぽい布が好き。でも、「こればっかり使いすぎ」といわれ、お蔵入りに……。敗者復活で登場させました。

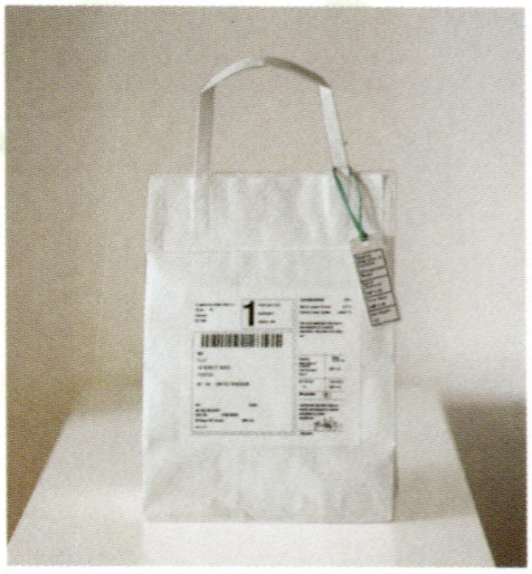

とても気に入っている、紙袋で手提げ。でも、紙袋の持ち手と紙袋の色が白なので、持ち手を利用したのがわかりづらくてここへ。

鉢植えはクリアパックで見せて。ポイントは口をとめた小さな木製のピンチ。この本を作るために、あらゆるものをラッピングしていました。

Chapter 2

リユース

もう捨ててしまうような、
日々の生活の小さなものがあります。
でも、私はふと、もう一度、
命を吹き込んでみたいと思ってしまうのです。
そうしたら、輝きを取り戻してくれました。

とうふパック

食べ終えたお菓子の箱などの
空き容器が捨てられないほう。
とうふパックも「何かに使えたら」と考えて、
ピンときました。
今回使った半丁用のパックは、
軽いし、使い捨てができるので、
ひと口サイズのサンドイッチがぴったり。
気軽な気持ちで
受け取ってもらえそうです。

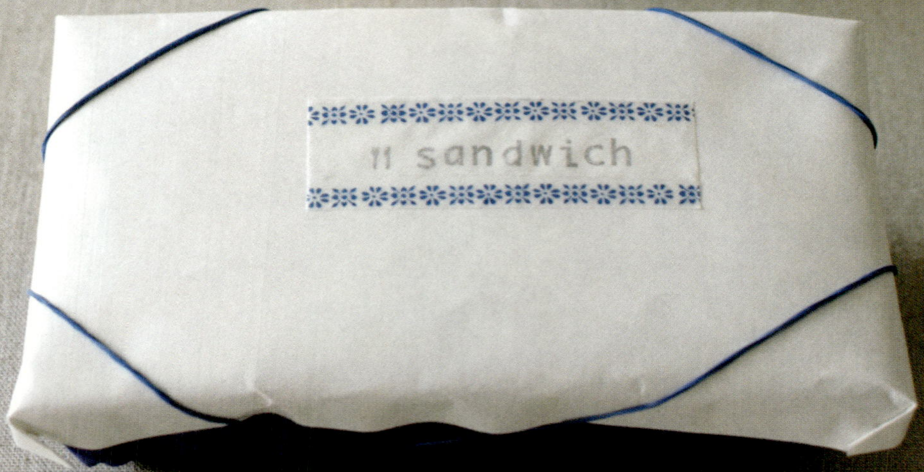

ピクニックのときはこんなふうにサンドイッチをつめて。そのまま捨てて帰れるから、荷物にならないのもいい。

ペーパーナプキンの色に合わせて輪ゴムを選んで

LUNCH

いちごの色に合わせて、赤で統一。

葉っぱのグリーンを選べば全体が引き締まる。

カラー輪ゴムは100円ショップで購入。色を選ぶのも楽しい。

作り方

① 紙ナプキンで とうふパックを包む。
② 紙で折った ふたをかぶせる。
③ 輪ゴムでとめる。

いちごパック

いちごが入っている透明のパック。
何気なく逆さにした時、
これをふたにしてみようとひらめきました。
厚紙の上にサンドイッチを置き、
上からフードカバーのようにかぶせるだけ。
意外と、いちごパックだと
気づかない人もいるかもしれません。

TODAY'S
LUNCH

ペーパーナプキンでも布でもOK

ペーパーナプキンは
食事中の手拭きにもなる。

弁当箱を包み、結ばずにタイでとめる。

作り方

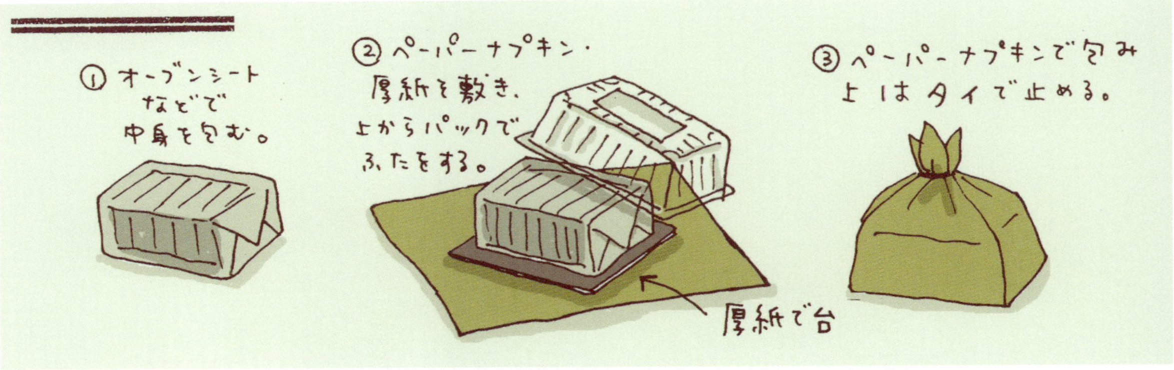
① オーブンシートなどで中身を包む。
② ペーパーナプキン・厚紙を敷き、上からパックでふたをする。
厚紙で台
③ ペーパーナプキンで包み上はタイで止める。

梱包シート

いつもは裏方の存在。
そのままラッピングに使ってみたら、
機能的でムダがないし、
シンプルな分、アレンジが楽しめるのが
気に入りました。
ポップな包装紙もお似合いです。

カップの底にも、もちろんおそろいの包装紙を貼りつけてかわいらしくする。

あえてガムテープを じか貼りしてみる

包装紙を使うときは、両面テープでてとめるが、面倒なら、柄つきのガムテープが手軽。タグには、中に入れたカップの写真のコピーを貼って。

包み方

［お皿の包み方］

① 梱包シートでお皿を包む。 ② 上下をガムテープでとめ、上からひもで結う。

［カップの包み方］

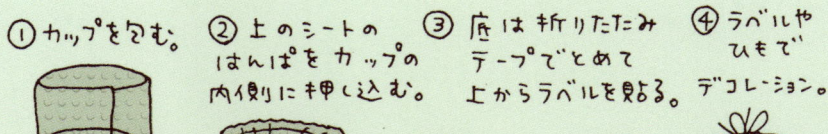

① カップを包む。

② 上のシートのはんぱをカップの内側に押し込む。

③ 底は折りたたみテープでとめて上からラベルを貼る。

④ ラベルやひもでデコレーション。

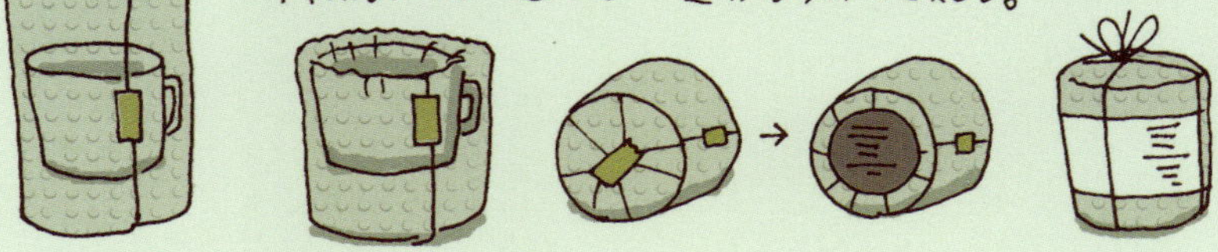

菓子の容器

これ、何の容器に見えますか？

実は、引っくり返した和菓子の容器のふたなんです。

小さいから、入れるものを選ぶけれど、

旅先で見つけたお菓子のおすそわけや、

小さな贈り物にぴったり。

プレゼントしたあと、「このケース何だと思う？」なんて

質問したら、おもしろいかもしれません。

入れるものによって紙&ひもをチェンジ

ペーパーナプキン&麻ひもだとナチュラルに。ピンキングばさみでカット。

花柄のワックスペーパー&ラフィアは上品な印象に。

フィルムを使って全部透明に。カラー輪ゴムがポイント。

いろんな形や大きさのお菓子容器を利用して

深さがない四角いゼリー容器には、小さなお菓子を。

深めの容器には、おみやげの雑貨などを入れて。

これが、左ページで使った和菓子の容器。

細長い容器にはペン？　キャンドル？　何を入れよう。

作り方

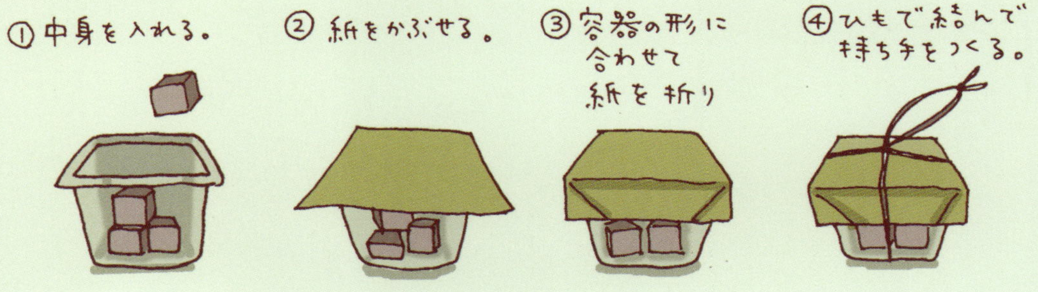
① 中身を入れる。
② 紙をかぶせる。
③ 容器の形に 合わせて 紙を折り
④ ひもで結んで 持ち手をつくる。

芯

ラップやテープ、トイレットペーパーなどの芯は、
どれもけっこう丈夫。
色も形もシンプルなので、
ラッピング素材にぴったりです。
海外の本やチラシをコピーして作った
手づくりラベルを貼るだけで、
芯には見えない仕上がりになりました。

レース糸やガムテープの芯も意外と役立つ。

芯の長さや幅に合わせて
中身を選んで

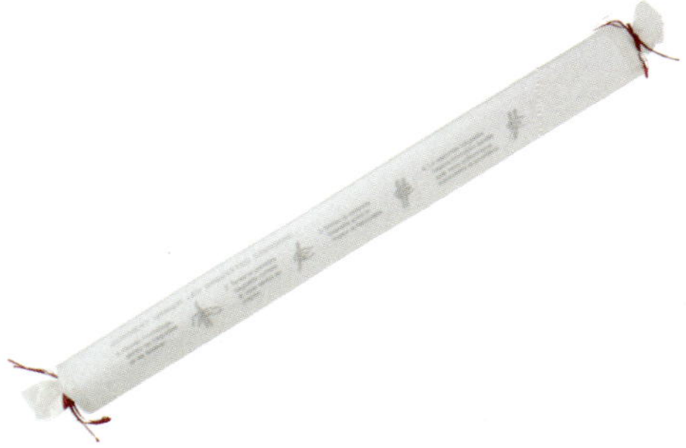

ラップ芯にはフォークや箸などのカトラリーを。

organic

トイレットペーパーの芯には手ぬぐいや靴下などを。

作り方

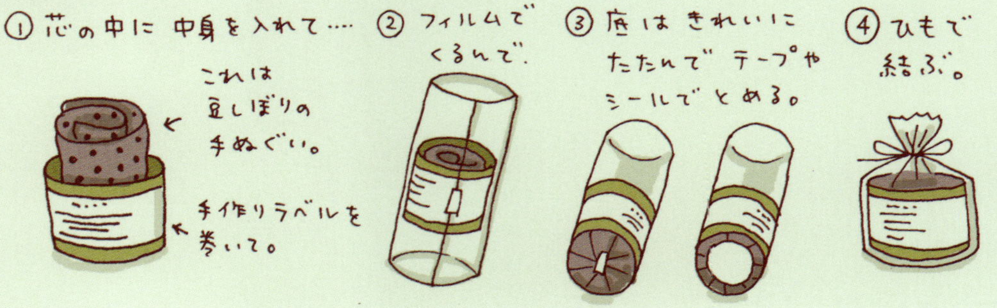
① 芯の中に 中身を入れて….
これは 豆しぼりの 手ぬぐい。
手作りラベルを 巻いて。
② フィルムで くるんで。
③ 底は きれいに たたんで テープや シールで とめる。
④ ひもで 結ぶ。

空きビン

ジャムやジュースのビンも、
捨てられないもののひとつ。
手づくりのジャムやペーストを作った時、
ここぞとばかりに取り出して、活躍させています。
そんな時に困るのが、かわいくないふたが多いこと。
今回は、コルクシートとレースを貼ってカバー。
中身を書いたタグは、画鋲《びょう》でつけてみました。

アルミワイヤーのフックは、飾りではなく、ふたを引っかけるためのもの。少し小技を利かせて。

ワイヤーを巻けば
持ち手を作ることもできる

口にワイヤーを巻きつけてから輪を作り、持ち手をつけて。

コルクを再利用。ワイヤーを通して持ち手に。

ワイヤーの取り付け方

①ねじったワイヤーをはさみ
②反対側りも同様にねじる。
③もう1本のワイヤーを、つなぎ
④ねじってとめる。

作り方

①ビンのふたに合わせてコルクシートを切って、接着剤で貼りつける。
②レースも接着剤で貼りつける。
③ワイヤーでふたかけを作る。

Column

写真が好き。フランスも大好き。

いろいろな場面を思い出として残しておける写真が好き。デジタルカメラを使うようになってからより身近になり、出番が増えました。写真のコピーをタグにしたり(→P45)、紙袋に貼ったりして、ラッピングとして楽しむこともあります。フランスは、語学と製菓を学ぶために留学していたことがあり、それ以降も年に一度は訪れる大好きな国。友人と撮った写真は、アルバムのようにコラージュしたり(右)、オーブンシートで包んでからトリコロールの紙テープをかけたり(下)。思い出をより楽しんでもらえるようなラッピング方法を考えて、プレゼントしています。

Chapter 3

包む

ラッピングの王道はやっぱり包装紙で包む。
でも、今、包装紙って「いいな」と思うものが少ない。
いろんな紙を使って、
ラッピングしてみました。

クラフト紙

業務用の梱包材としても使われるほど、
強度がある、頼れる紙。
飾り気がない、ナチュラルな雰囲気が好きです。
ハリや硬さをいかして、
カチッとメリハリをつけたい時や、
中身に合わせた箱や袋を作りたい時に使います。

こんな感じ。わくわく感が楽しめる。

袋をそっと開いて、
中をのぞくと……

NOUVELLE
HISTOIRE UNIVERSELLE
DE L'ART
D'ARCHÉOLOGIE FRANÇAISE
VISAGES DE PARIS

包み方

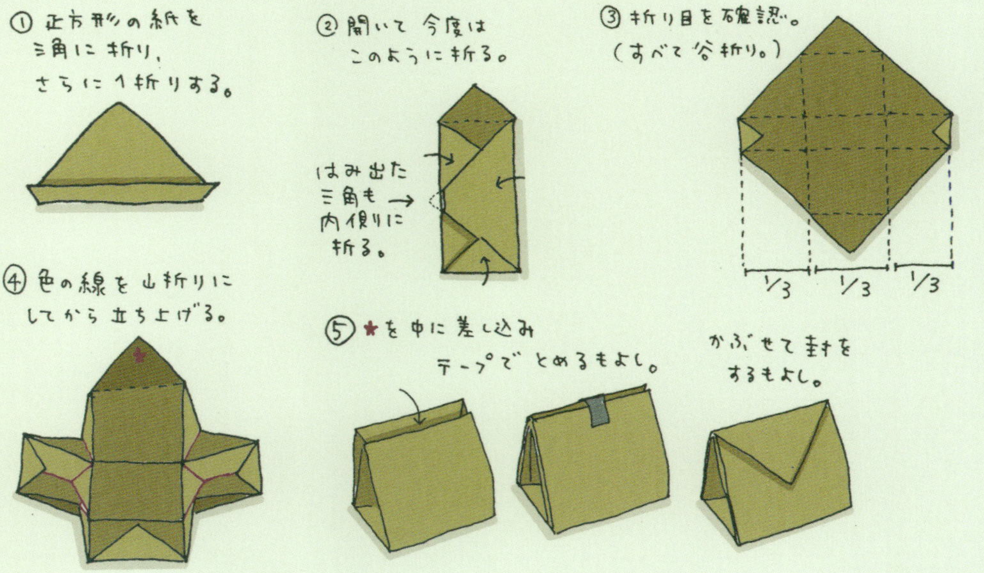
① 正方形の紙を
三角に折り、
さらに1折りする。
② 開いて 今度は
このように折る。
はみ出た
三角も
内側に
折る。
③ 折り目を確認。
（すべて谷折り。）
1/3
1/3
1/3
④ 色の線を山折りに
してから立ち上げる。
⑤ ★を中に差し込み
テープでとめるもよし。
かぶせて封を
するもよし。

封をする

さりげなくこだわって

ハンコを押してタグを作り、ハトメ（→詳しくはP27）を使ってとめる。

レースペーパーがアクセント。穴を開け、ひもを通してちょうちょ結び。

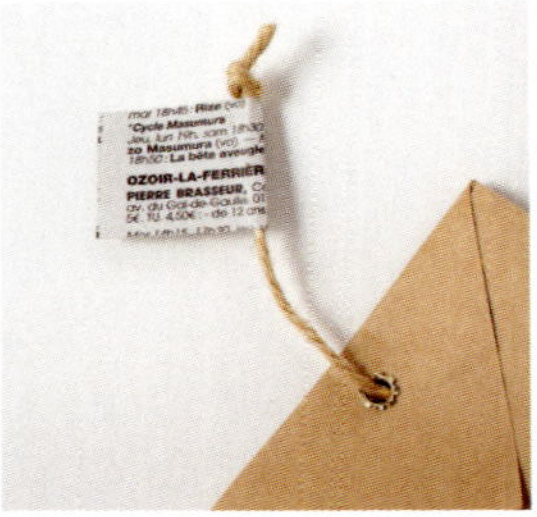

ハトメに、タグをつけた麻ひもを通すだけ。一気にかわいい。

ガーリーな雰囲気を壊したくないから、割鋲《びょう》でシンプルに。

仏字新聞でクルリと巻いて、手作りシールをペタ。

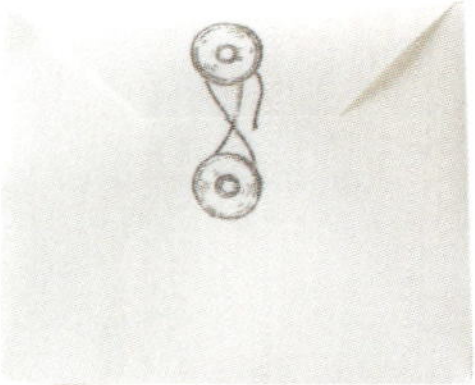

裏に切り込みを入れて、差し込むだけ。はんこでアクセントを。

オーブンシート

お菓子づくりをする人にはおなじみの紙。
油や水に強いので、
食品を包むのにもいいけれど、
ほどよく薄手で、ハリがあるので、
食器など、包みにくい形のものにも最適。
一度手で丸めてから包んでも、
くしゃくしゃっとした
独特の質感が出ていい感じ。
紙が薄いので、
ひもは細いものがおすすめです。

包み方

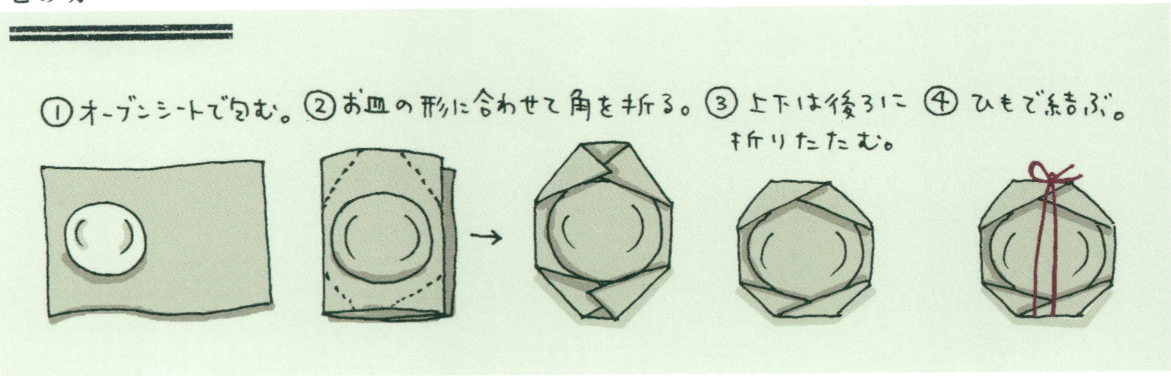
①オーブンシートで包む。
②お皿の形に合わせて角を折る。
③上下は後ろに折りたたむ。
④ひもで結ぶ。

寒い冬。冷え性のあの子に靴下と
ルームシューズをあげたい時は……？

どんなものでもやさしく包む薄紙で、
セットにしてプレゼントがおすすめ

薄紙

まるで布のように
やわらかなさわり心地。
その繊細さとほんの少しの光沢が、
中身を特別なものに感じさせます。
タオルや衣類などの布類はもちろん、
ガラスやステンレスなど、
ハードなものとも意外に相性がいいので、
使いみちが広いところもいいんです。

やわらかい手ぬぐいやタオルを包むのにぴったり。

薄紙もいいけど、
クッション材の透け感も○

小さいタオルをクルクルとまるめてクッション材でラッピング。植物をポイントに。

包み方

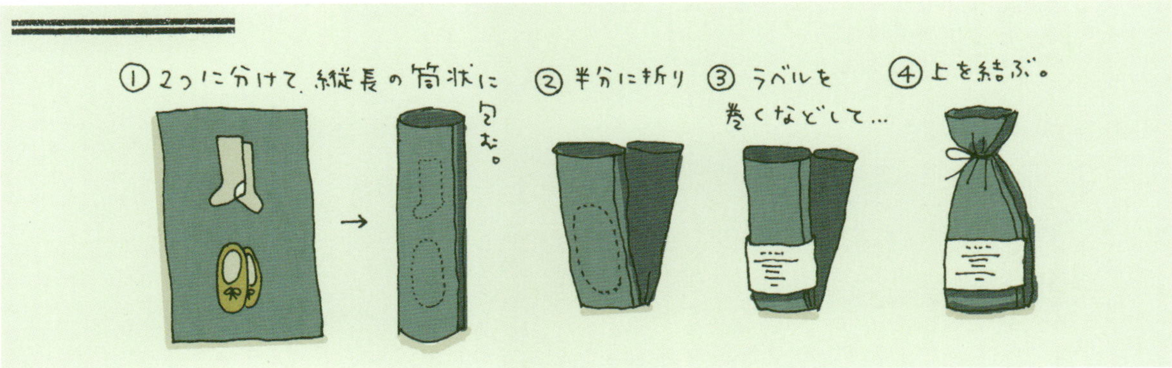

①2つに分けて、縦長の筒状に包む。
②半分に折り
③ラベルを巻くなどして…
④上を結ぶ。

◯ コサージュ

色やボリュームを変えて

フワフワにつくりたいときは、使う紙の枚数を多く。6枚だときれい。

はかなげな感じにしたいときは、薄い素材の紙を使う。

作り方

［フワフワにつくりたい］

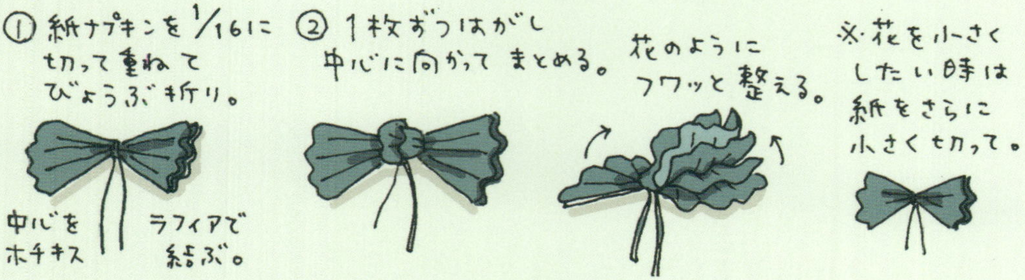

① 紙ナプキンを1/16に切って重ねてびょうぶ折り。
中心をホチキス
ラフィアで結ぶ。
② 1枚ずつはがし中心に向かってまとめる。
花のようにフワッと整える。
※花を小さくしたい時は紙をさらに小さく切って。

［はかなげな感じにしたい］

① 薄紙を細長く切り
② くるくる巻いて…
③ 下のほうを結び、整える。
ホチキスでもOk。
はかなげに…

○のし紙

薄紙とグラシン紙の合わせ技

シンプルにブルーのコンビで。

いろいろなグラシン紙

柄に色を合わせたひもでキュッと結んでカジュアルに。

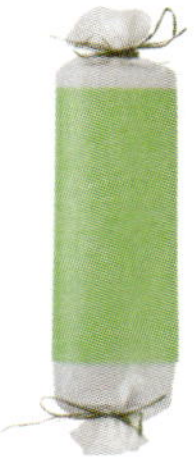

薄紙の繊細さも見せつつ、グラシン紙のニュアンスも。

水色の薄紙に青のグラシン紙で、同色系の濃淡にラベルでポイントを。

薄紙の柄とリボンの色をこげ茶で合わせてシックに。

包み方

こうしたり
こうしたり
こうしたり
こうしたり。

わら半紙

子どものころによく目にしたからか、
親しみがあり、なつかしさを感じる紙。
何ともいえない素朴な色と質感は、
包んだ時に、味やあたたかみを
添えてくれるような気がします。
この箱は、だれでも一度は作ったことがあるのでは。
同じサイズを２つ作れば、ふたつきになります。

箱に使った紙によって
アレンジを変えて

清書用半紙の箱に、柄の薄紙を巻き、柄と同系色のひもをグルグル巻いた。

FIRMIN DIDOT & Cie, Éditeurs
NOUVELLE
HISTOIRE UNIVERSELLE
DE L'ART
MÉMENTO PRATIQUE
D'ARCHÉOLOGIE FRANÇAISE
VISAGES DE PARIS

手作りラベルを巻いて、さらにグラシン紙でカバーすれば、高級感が出る。

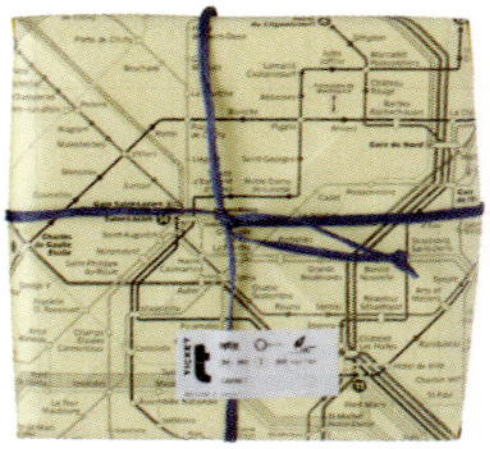

黄色い紙にメトロの路線図をコピーした紙の箱。チケットのコピーを貼って。

包み方

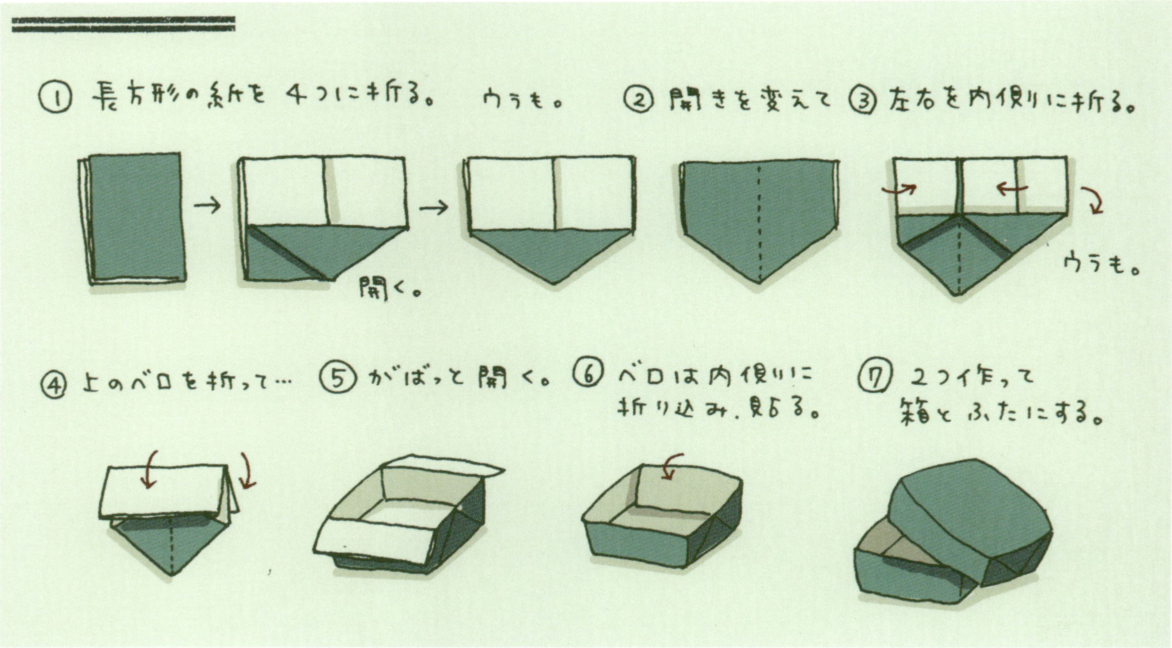
① 長方形の紙を 4つに折る。
ウラも。
開く。
② 開きを変えて
③ 左右を内側に折る。
ウラも。
④ 上のベロを折って…
⑤ がばっと開く。
⑥ ベロは内側に折り込み、貼る。
⑦ 2つ作って箱とふたにする。

Column

本やチラシ、チケットをコピーして手づくりラベル

私が一番よく使うのは印刷物で、これはパリのヴァンヴの蚤の市で買ったアートの本。ほかにもチラシやチケット、地図や路線図、レシートや食品のシールなど、海外のものは何でもラベルの素材になります。海外のものが手に入らない場合は、身の回りのものから好きなデザインを探して。コピーで拡大・縮小すると雰囲気が変わります。コピーする時は、回数を最小限に。何度もコピーすると、文字などがどんどん不鮮明になってしまいます。

直接貼ったり

左ページのアートの本を縮小コピーし、袋に貼っただけ。

タグにしたり

封筒自体をタグに見立てて縮小コピーしたチケットを貼り、穴あけパンチで穴を開けた。穴の補強用シールも大事なワンポイント。

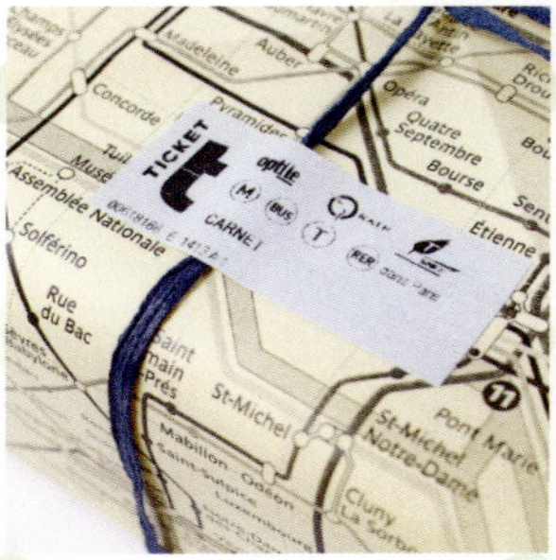

シールにしたり

メトロの手づくり包装紙のポイントに、コピーしたメトロのチケットを貼った。

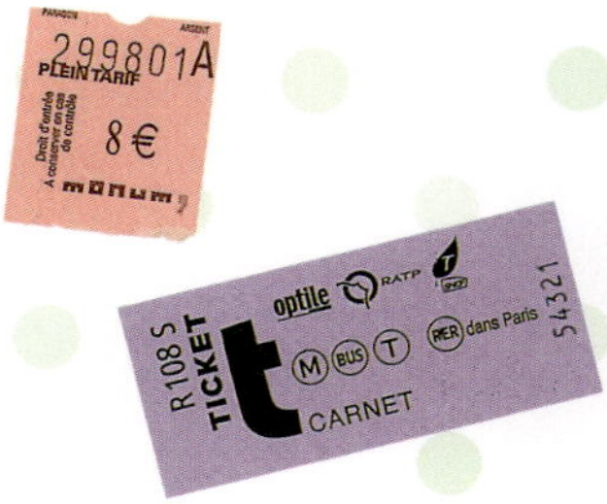

コピーした紙をそのまま使う

ブルーの紙にラベル用の紙を直接コピーし、その紙で封筒を作った。ハトメ（←P27）とひもをつけて。

フィルム

中を見せたいものを包む時は、フィルムの出番。
クリアパックと違うのは、大きさや形を問わないこと。
大きいものや厚みがあるもの、
凹凸や、バッグなど持ち手があるものも包めます。
ベリーのタルトは、包みにくいもののひとつ。
フィルムなら、ベリーのきれいな色を見せながら、
きれいに包むことができます。

どんな形も、
どんな長さも、大丈夫

カラフルなヘビのおもちゃ。長さと色を生かして、リース風に。

包み方

①フィルムの中央に厚紙で作った台紙・タルトケーキを置く。

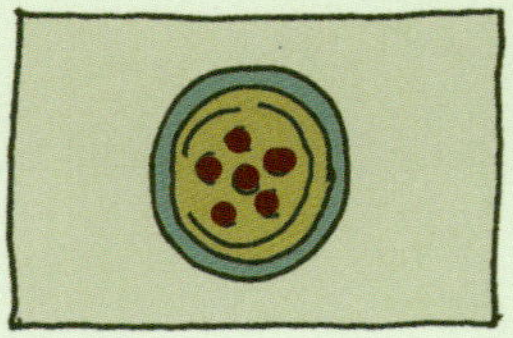

②両端をそろえ、上部をくるくる巻き込む

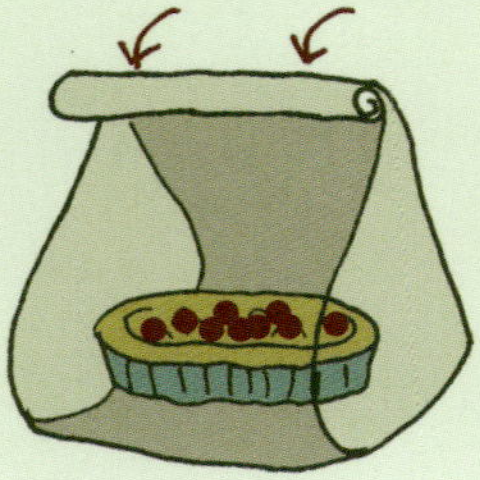

③サイドも巻き込み、端はテープでとめる。

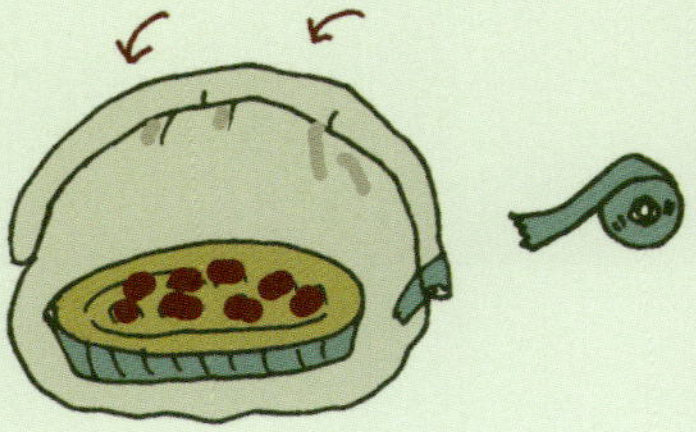

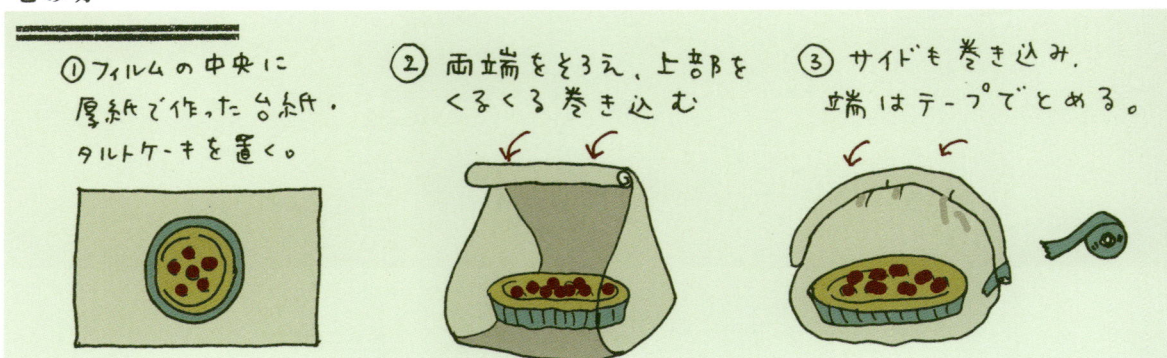

布

ストックしておくと、いろいろ使える布。
ラッピングに使う頻度は低いけれど、
好きな柄を見つけると、つい買ってしまいます。
布を選ぶのは、相手が手づくり好きの場合。
渡した時も喜んでくれるし、
開けた後も、端切れとして使ってもらえます。

布の大きさによって形やサイズが変わる

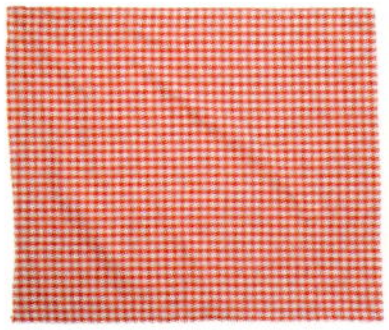

縦長にしたいときは、正方形に近い布でつくる。

水色に水玉がノスタルジック。夏にプレゼントしたい。

この花柄はアンティークを思わせるお気に入りの布。

横長にしたいとき

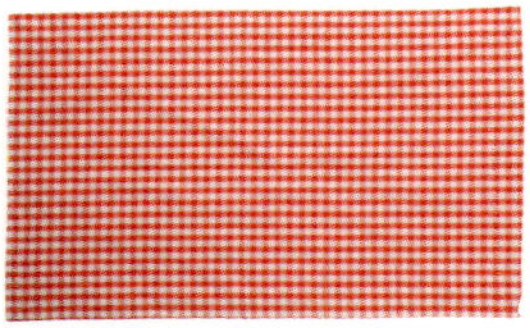

長方形の布を使うと横長に。包むものの形に合わせて、布の形も選んで。

包み方

① 同じ高さになるように折る。
② 上を結ぶ。
わきにはみ出た部分は…
反対側に折り込むか内側にしまって幅をそろえ安全ピンでとめる。

手づくり包装紙

手づくり包装紙。
好きな柄が何枚でも作れるし、
カラーかモノクロかでも雰囲気が変わります。
地図や路線図、布や写真、
お菓子のパッケージやレシートなど、
好きなものを好きなだけ使って作ってください。

Porte de la Chapelle
Saint-Denis Université
Porte de la Villette
Stalingrad
Louis Blanc

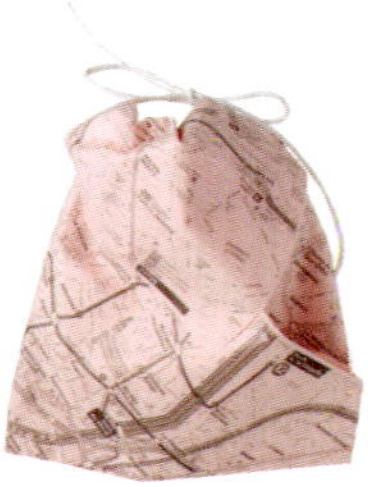

ピンクと黄色の紙を使い、右と同じメトロの路線図をモノクロコピー。同じ素材を使っても印象が変わる。

包み方

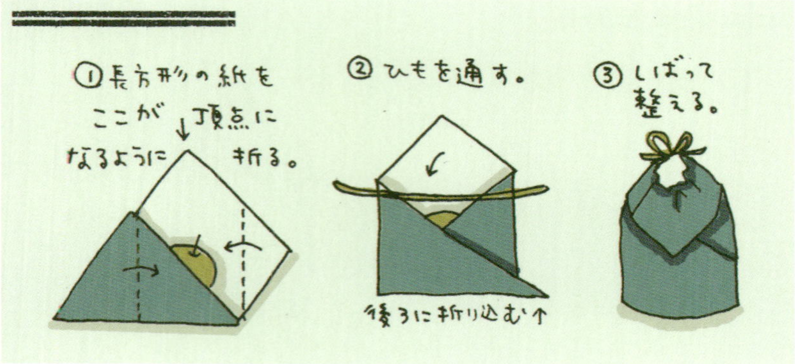
①長方形の紙を
ここが↓頂点に
なるように 折る。
②ひもを通す。
後ろに折り込む↑
③しばって
整える。

半紙

透け感とやわらかさが特徴の半紙は、
清書用と練習用があります。
生成りのやさしいベージュで、ざらつきがあり、
やわらかい印象が出せる清書用が好き。
包むものにやわらかくフィットし、
クッション効果もあるので、
果物や食器などに向いています。

Column

花束はグラシン紙で……

上品な光沢があり、なめらか。グラシン紙を使うだけで、高級感が出せます。パリッとハリがあるので、箱をぴったり包んでもきれいだし、箱の中に敷いて使ってもいい。小さな花束にクルッとラフに巻いてもかわいい！　ナチュラルな雰囲気でまとめたいので、ひもやリボンはクラフトや麻を選びます。

麻布の切れ端を帯状に切っただけのリボンで結んでもいい。

ヘンプひもをグルグル巻いて、ナチュラルに。

Chapter 4

紙袋を作る

紙袋ほど使い勝手がよく、
自分の好きなように作れるものはありません。
包装紙を使ってもいいのですが、
私は、チラシや好きな柄をコピーしたもので楽しんでいます。
あと、どうしても惹かれてしまう窓も、
リユースで簡単につくれます。

シンプル

手づくり包装紙を作って、
マチなしの袋を作製。
手紙や書類を入れて
封筒がわりに使えます。
窓はリユース。
特別な感じがして惹かれます。

布をカラーコピーした包装紙でマチなし袋を。

LA DEFENSE
PARIS Ouest

見るだけで楽しくなる、パリの地図。

作り方

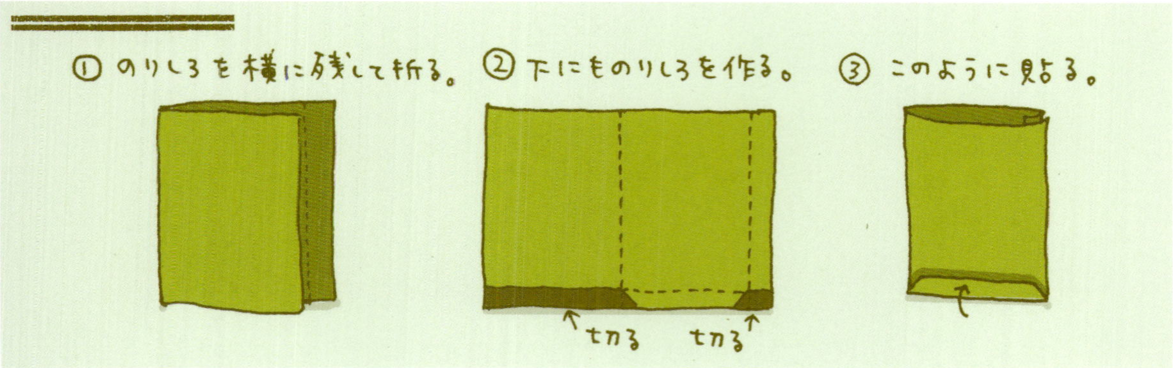
① のりしろを横に残して折る。
② 下にものりしろを作る。
③ このように貼る。
切る
切る

送られてきた封筒の窓を
リユースして窓つきに

表と裏で柄が違うときこそ、窓が引き立つ。

レトロな感じの洋菓子の包装紙をリユース。

透け感のあるオーブンシートに、青フチをいかして。

請求書などの窓をフチを残して切り取り、再利用。貼るのは封筒の裏側なので、ラフに切り取ってもOK。

作り方

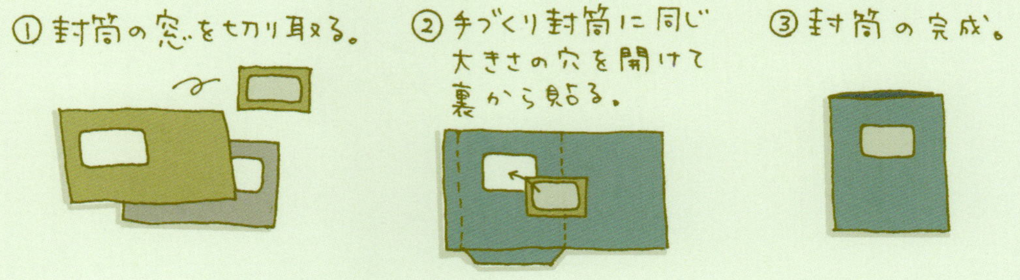
①封筒の窓を切り取る。
②手づくり封筒に同じ大きさの穴を開けて裏から貼る。
③封筒の完成。

下マチつき

下マチ袋は、中身を入れると
形が安定します。
立った姿が何ともかわいい。
カラーの紙に
直接ラベルをコピーして袋を作り、
ハトメをポイントに。

daylesford organic
2.25
DO Quinoa Bread
400g
NET WEIGHT

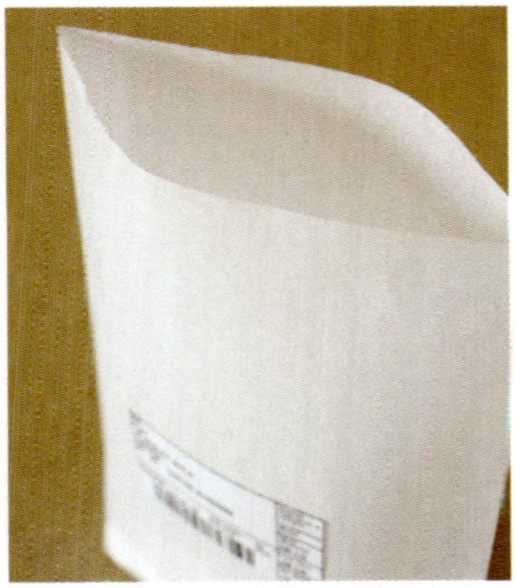

作り方

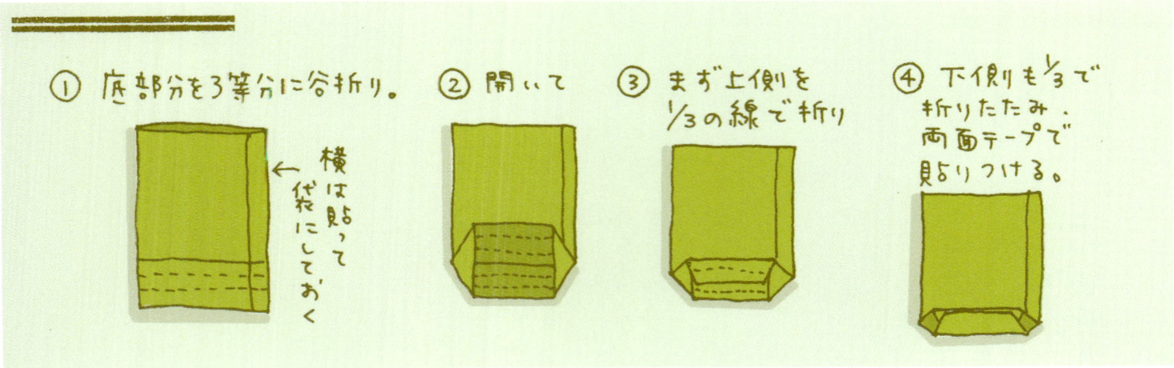
① 底部分を3等分に谷折り。
横は貼って袋にしておく
② 開いて
③ まず上側を1/3の線で折り
④ 下側も1/3で折りたたみ、両面テープで貼りつける。

横マチつき

新聞やチラシなど、
日常の何でもない紙ですが、
外国の文字だと
スタイリッシュに。
シャープな形の横マチ袋を
フランスの紙で作ってみました。

OPÉRATION PAËLLA
SAMEDI 10 MARS 2007,
COUPLAGE INÉDIT
LE FIGARO
The Daily Telegraph

作り方

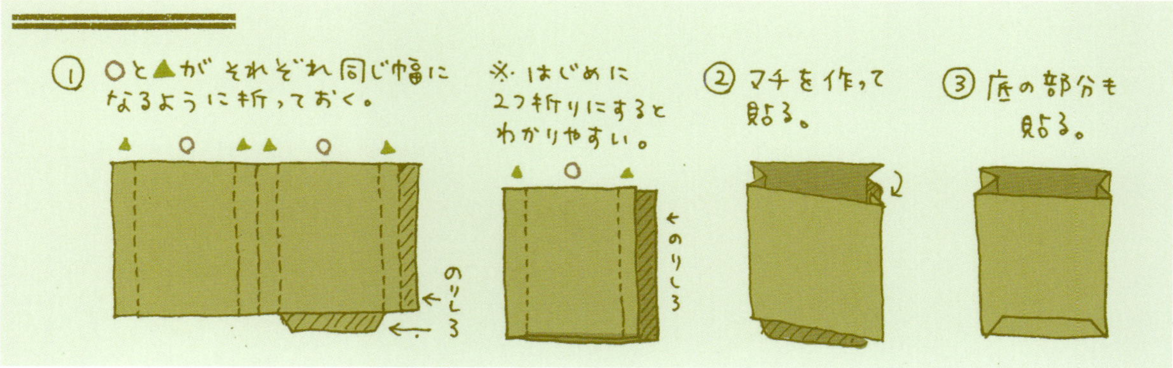
① ○と▲がそれぞれ同じ幅になるように折っておく。
※はじめに2つ折りにするとわかりやすい。
② マチを作って貼る。
③ 底の部分も貼る。
のりしろ
のりしろ

Chapter 5

基本のラッピング

包装紙やリボンを使った、
ベーシックな包み方を紹介します。
基本の包み方を覚えると、不思議に、
アレンジアイデアがどんどん浮かんできます。
紙やリボンの面白さ、
奥深さがわかってくるんですね。不思議です。

ポケット包み

平たくて薄いものを包むときにむいています。ポケットつきなので、カードや手紙など薄手のものなら差し込むことができます。

紙の大きさ

タテ：箱の縦の長さ
＋
ポケットの深さ×2
＋
（箱の厚さ＋1cm）×2

ヨコ：（箱の横の長さ＋厚さ）×2＋2cm

1

包装紙を中表にし、半分に折る。

2

ポケットを作り、折り目をつける。

3

2を裏返しにし、箱を中心に置く。

4

左側→右側の順に重ね、紙がたるまないようにし、ポケットの線を合わせてテープでとめる。

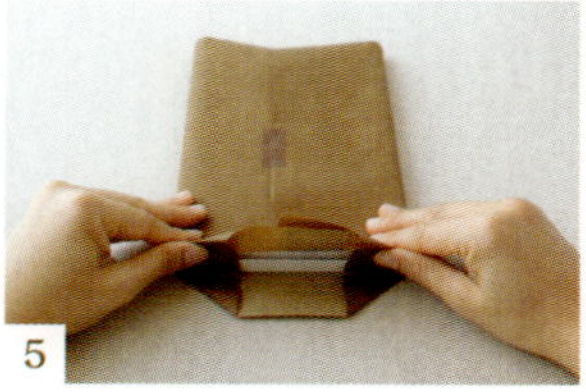

5

両端を内側に折り込む。

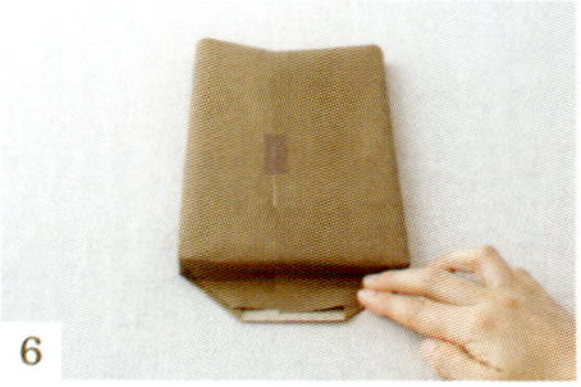

6

合わせ目側の紙を箱に添わせて折る。

7

下側の紙を合わせ目側の方に折り、テープでとめる。反対側も同様にする。

8

裏返しにしたら、できあがり。

ななめ包み

この包み方はフォーマルギフト向き。包み方によって、祝儀・不祝儀の区別があるので、注意が必要です。

紙の大きさ

対角線の長さ：
箱の短いほうを1周半
＋
4cmの長方形

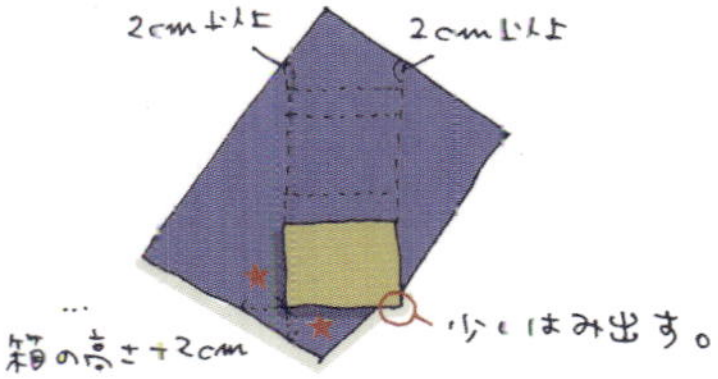

1

右ななめに置いた紙の上に箱を表向きに置く。左手前の紙をかぶせ、左下の角が約2cmかくれるように。

2

左側の紙を箱にそって立ち上げる。

3

紙の端を持ち、ピンと張りながら面にそわせ、合わせ目をテープでとめる。

4

箱を持って手前から向こうに反回転させ、紙の折り目と箱のふちを合わせる。

5

右側を同様に立ち上げる。

6

紙の端を持ち、ピンと張りながら面にそわせる。

7

90度右側に回転させ、残りの部分も同様に包む。

8

紙の端を左側にそわせる。

キャラメル包み

シンプルに包んで、アレンジを楽しむ、基本的な包み方。簡単で、少ない量の紙で包めます。

紙の大きさ

タテ：箱の縦の長さ
＋
（箱の高さの$\frac{2}{3}$×２）

ヨコ：箱の1周＋1.5cm

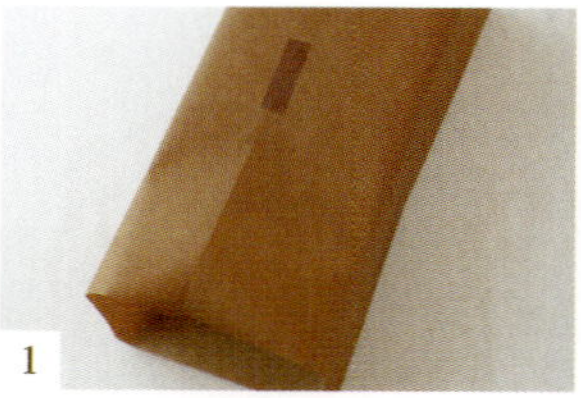

1

箱は表側を下向きに置く。紙をピンと張りながら右端が上にくるように包み、テープでとめる。

2

合わせ目のある方から箱に紙をそわせ、折り込む。

3

両側を内側に折り込み、下側の紙を箱のふちに合わせ、折り上げる。

4

三角になった紙の先端を内側に少しだけ折り込み、ととのえてからテープでとめる。

9

下側の紙の端を上側の紙の端に合わせ、内側に折り込む。

10

たるみを伸ばし、左端をテープでとめる。

円柱包み

茶筒やのりの缶、ビンなど、筒状のものを包むときのラッピング法。タックを作るのはコツがいるけれど、仕上がりがきれいなので、何度か練習してぜひ挑戦して。

紙の大きさ

タテ：円柱の高さ
＋
（円柱の直径の⅔×2）

ヨコ：円柱の周囲×2

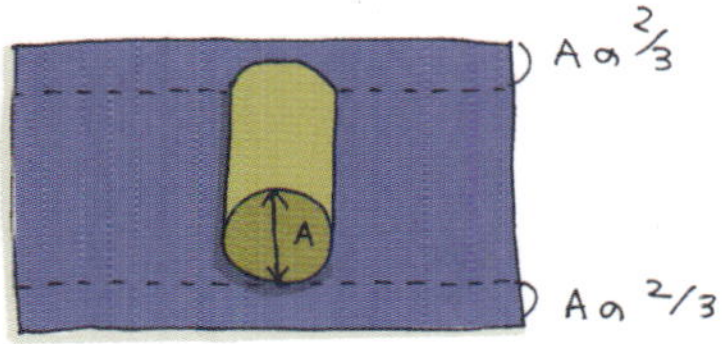

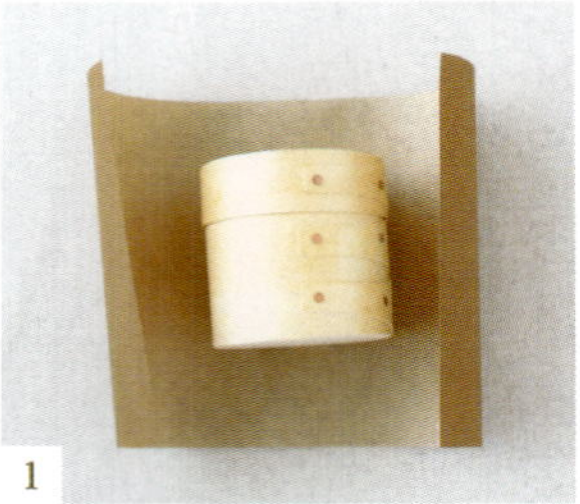

1

紙の中央に円柱を置く。

2

紙をピンと張りながら一周包み、右端をテープでとめる。

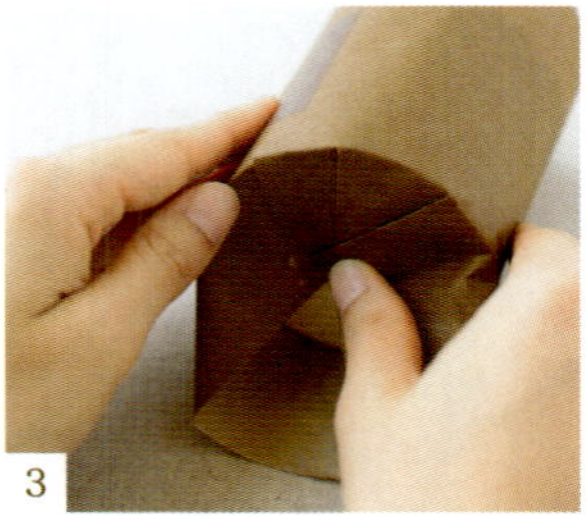

3

合わせ目部分から、同じ間隔でタックを中心に向かって寄せていく。

4

最後のタックは、最初のタックの下に入れる。

5

反対側も同様に折る。

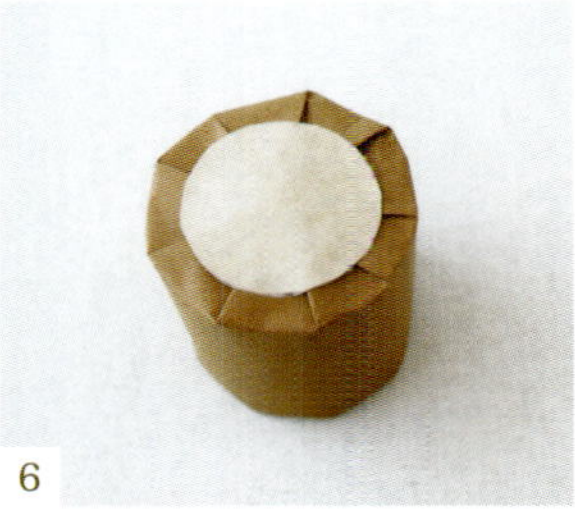

6

円柱の直径より小さい円形の紙をタック部分に貼れば、仕上がりがきれいに。

リボン---2本がけ

逆Vの字がキリッとした印象を与えるかけ方。ひもやリボンの種類を変えたり、結び方を変えれば、いろんなアレンジが楽しめます。

1

上中央から左下¼に合わせ、裏側を通す。

2

始点に戻り、右下¼に合わせる。

3

裏側を通り、もう一度始点にもどる。

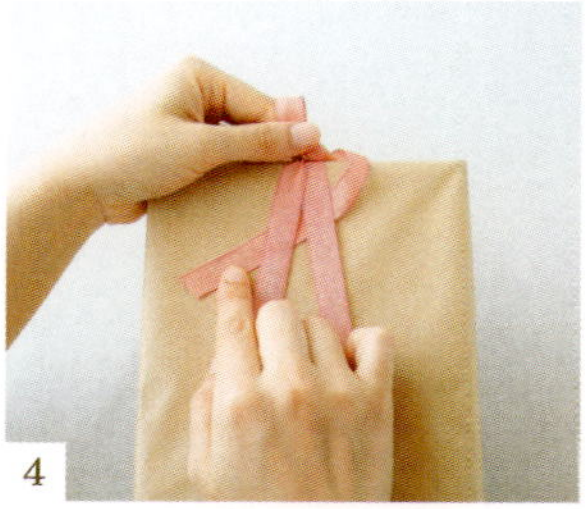

4

短い方のリボンの端を右側から2本のリボンの下に通し、左側から出す。

5

両方のリボンを対極に引っ張り、リボンのたるみをとる。

6

ちょうちょ結びをして形をととのえ、端を切る。

リボン---クロスがけ

お店でもよく見かける、基本的なリボンのかけ方。十字がけともいいます。結び目の位置を変えるだけで、いろいろな表情を出せます。

1

リボンを写真のようにあて、横に一周巻く。

2

リボンを結びたい位置で交差させる。下から上にリボンを一周させる。

3

リボンの短い方を右に、もう一方を左に引っ張り、交差させる。

4

右に引っ張ったリボンを右横と真下のリボンの下にくぐらせる。

5

ちょうちょ結びをして形をととのえ、端を切る。

リボン---ななめがけ

かわいらしい印象を出したいときに向いている包み方。リボンは薄くてやわらかなオーガンジーを使うと、上手に結ぶことができます。

1

リボンを箱の右上に、写真のようにあてる。

2

裏を通して左下から出し、ななめ上にかけてから、もう一度裏を通す。

3

始点にもどったらリボンを引っ張ってたるみをとり、ちょうちょ結びをする。

4

結び目の位置を中央にずらしてリボンの形をととのえ、端を切る。

豆知識

知っておきたい慶弔のマナー

○ ななめ包み

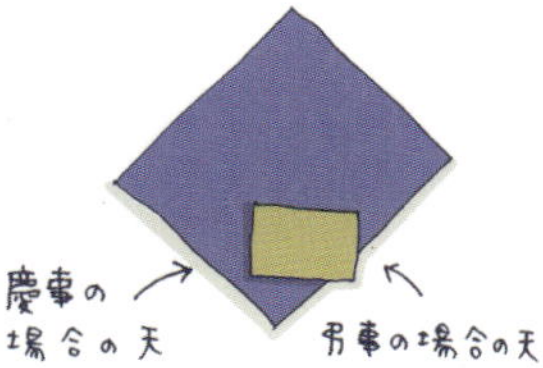

慶事

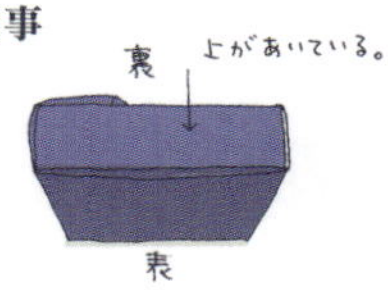

弔事

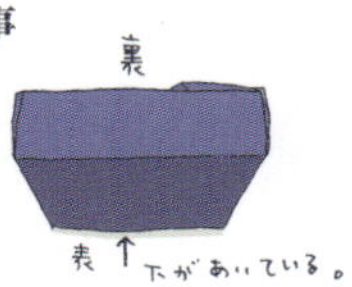

箱の置き方

包みはじめるとき、箱の向きが慶事と弔事で異なります。慶事は喜びを受け止める「天開き」、弔事は早く悪いことを流す「地開き」になります。

○ キャラメル包み

慶事

弔事

箱の置き方

箱の置き方は縦横どちらでもかまいません。違いは、最初の合わせ目です。慶事は、右が上、弔事は左が上になります。

Column

紹介しきれなかったモノたち　2

大好きなメトロの路線図や地図を使った手づくり包装紙や袋、ガーリーな雰囲気が作れるコサージュ、ワンポイントになるタグやラベル……。 作り出したら止まらない、まだまだ作れるかわいいものを紹介します。

メトロマップ好きにもほどがある……

1

2

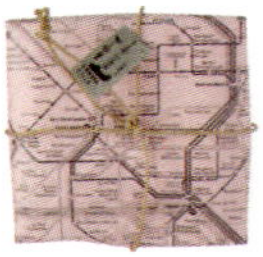

3

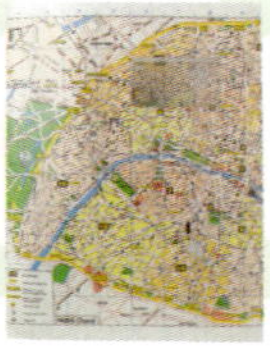

4

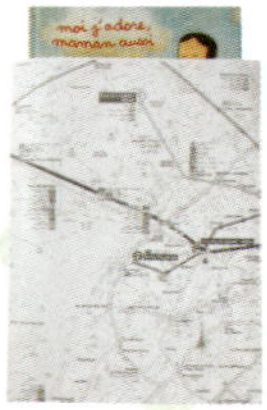

5

1.パリのバスマップをカラーコピーしてのしに。　2.グリーン×グリーン。ワンポイントにチケットのコピー。3.ピンクの用紙にクラフトのひも。チケットでアクセント。　4.パリの地図の封筒。カラーコピーでポップに。　5.モノクロコピーだとシックに。

芸が細かすぎる？

写真の一部を小さくコピーして、コメントとともに。

簡単につくれるから、ついつい

白い紙コップにラベルを貼るだけでキュートに。持ち手をつけたり、ひもをつけたり、紙コップって意外とかわいいんです。

意外とガーリー好きでした

1

2

3

4

5

6

1.2.ラフィアの色に合わせたドライフラワーでナチュラルガーリー。 3.白い箱にレースペーパーを合わせて。 4.小さいコサージュとリボンをひかえめに。 5.わら半紙ののしとコーヒーフィルターで作ったコサージュを。 6.こげ茶×白で大人っぽく。

文字や数字もかわいい

1

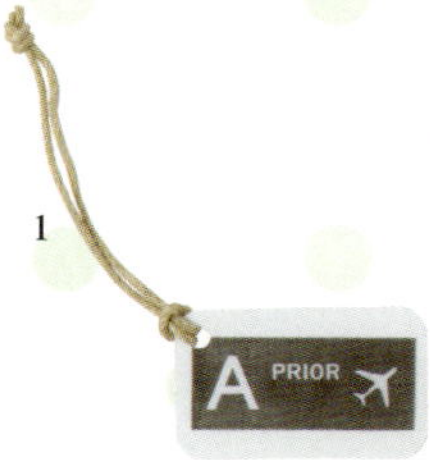

2

3

1.フランスのエアメールのコピーをペタリ。 2.クラフトのタグに好きな数字のはんこを押すだけ。 3.ナンバリングチケットでアクセント。

○ひも・リボン・テープ

結ぶだけでなく、テープ感覚で楽しめる

小ワザを利かせたアレンジに欠かせないのが、ひもやリボン、テープ。同じ包み方や結び方でも、同系色を選ぶか、さし色を利かせるか、または太さや素材の違いで、まったく違う印象になります。

紙テープでくるんと巻いて。

茶系でまとめてシンプルに。

真っ赤なリボンに、真っ赤な水玉。

とことんガーリーにするなら。

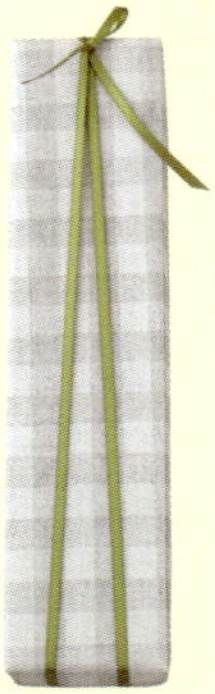

極細リボンで縦長を強調して。

○ラベル・シール・タグ

ありとあらゆるものを
利用して

海外の印刷物は、どんなものでもラッピングの素材になってしまう不思議な魅力を持っています。チケットも、新聞も、チラシさえもかわいい。目にすると、使わずにはいられません。

パリに旅行に行ったときのレシートで作ったラベル。

タイの新聞とタイのチラシの一部をタグにして。

パンを買った時の値段のラベル。何でもサマになる。

メトロマップの包装紙と切符の縮小コピーで作ったタグ。

大好きな紅茶のお店。コピーしたレシートをシールがわりに。

○のし

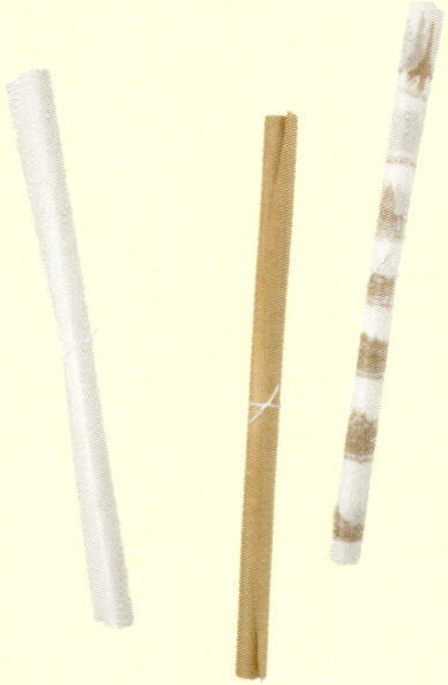

どんなものでも、
くるんと巻くだけで

魔法をかけたかのように、たった一枚の紙切れが、全体の印象を洗練されたものにする「のし」。素材や大きさ、デザインや形など、アレンジは自由自在に楽しめます。

花柄のワックスペーパーをのしのようにかけて。

黄緑×白のチェックには、白の幅広のしでシンプルに。

大切な人へのプレゼントは、グラシン紙をかけて。

こげ茶には、わら半紙ののしを合わせてやさしい印象に。

こんなかわいい紙なら、思い切って全部クルリと巻いて。

○はんこ

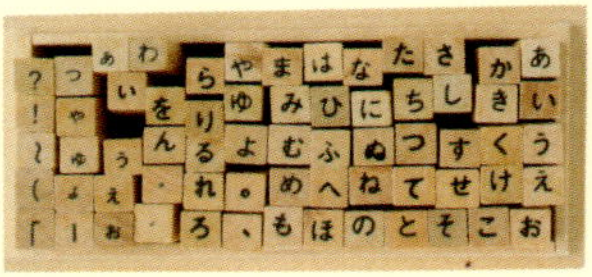

文字に思いをこめられる

ひとつひとつ押していくはんこ。仕上がりがふぞろいで、手づくりのぬくもりが感じられます。いろんな紙に押すだけで、オリジナルのシールやタグ、ラベルなどが簡単に作れます。

時にはストレートに「ありがとう」。

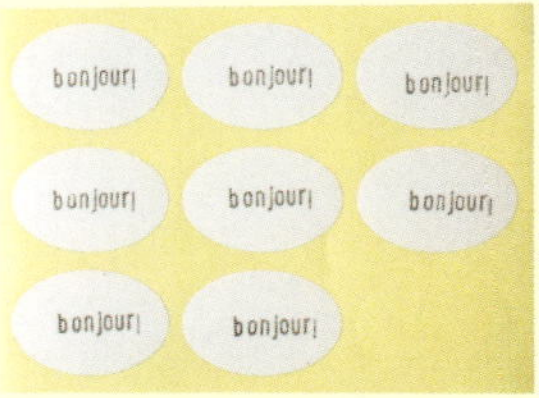

100円ショップのシール。こんなふうに作りおきしておくと、とても便利。

ラベル模様のはんこは使い方次第。

ちっちゃなはんこは、アクセントに。中身に合わせて選ぶのも楽しい。

「あんず」ですって言われると、余計見たくなる。

この本を手にとって下さり、ありがとうございます。私は、ちょっとしたものでも包んで渡すことが大好きです。包まれたものがどんなものでも、愛しくなるからです。自分で包装する場合、贈るものではなく、贈ることに重きをおき、包み装う過程の中に、送り手の気持ちも一緒に込めることができます。相手への想いが、形となって伝わる気がします。この本を作る機会を与えて下さり、内容を一緒に考え、たくさんの助言を下さった編集の長谷川さん、趣のある写真を撮って下さったカメラマンの村林さん、あたたかみのある言葉で説明を添えて下さったライターの増田さん、愛らしいイラストを描いて下さった消しゴムはんこ職人の津久井さんをはじめ、デザイナーさん、スタイリストさん、本づくりに関わって下さったすべての方々に、この場を借りて厚く御礼申し上げます。「喜んでもらえますように」。シンプルな想いを込めた贈りものに、この本がお役に立ちますように。

正林恵理子

しょうばやしえりこ

包装作家。1974年生まれ、千葉県出身。現在、助産師として働くかたわら、時々自宅でカフェを開く。そのときに焼菓子をかわいくチープに包むことに目覚める。

身《み》近《ぢか》な素《そ》材《ざい》で、あたらしい包《つつ》み方《かた》

エコ・ラッピング

2009年12月８日　第１刷発行
2016年12月20日　第5刷発行

著者　正林《しょうばやし》恵《え》理《り》子《こ》

発行者　佐藤靖
発行所　大《だい》和《わ》書房
東京都文京区関口1－33－4　〒112－0014
電話　03－3203－4511

ブックデザイン　ME&MIRACO
写真　村林千賀子
スタイリング　遠藤幸子
本文イラスト　いくつこもと
カバーイラスト　寄藤牧子
文・構成　増田綾子
印刷・製本所　凸版印刷

ISBN978-4-479-92022-9

http://www.daiwashobo.co.jp